봄의 창을 열 때마다

봄의 창을 열 때마다

박철민 시집

册위애드

시인의 말

오늘도 나는 나의 하루를 걷는다.
걸으며 생각하고 걸으며 하루의 밥을 찾고 사랑을 한다.
걷는다는 것은 나의 언어를 알아간다는 것이다.
세상 속의 나를 찾아가는 유쾌한 작업이다.

걷다가 돌아온 자리에서 노트북의 덮개를 연다.
지워져 있던 자판의 자음과 모음이 손을 맞잡고 합창을 한다.
소리의 결이 곱고 청아하다.
마음이 평안해지며 언어가 채집되기 시작한다.

그래서인가?
귀가 순해지는 나이가 되니 비로소 언어의 의미가 읽힌다.
그래! 이 정도면 충분하다.
한 번뿐인 생이라고 다 좋을 수는 없다.

2024년 봄

희망을 부르는 들판에서

차례

시인의 말 4

1부 시간의 바람

시간의 바람 11
바른 소리 12
나와 당신의 하루 14
꽃님이의 하혈 17
농아聾啞 할매 22
너에게 24
지상만가地上晩歌 27
4월을 걷다 30
봄, 사랑을 사랑하라 32
꽃샘추위 35
사랑과 자유를 위한 변명 37
들판에서 41
그리움은 나의 힘 45
어느 해 겨울, 제주 47
세월 54

2부 존재 속의 기억

비와 몽상 58
무송霧松 67

존재하는 이유　69
빨래　76
심해어深海漁　77
바람은 사랑의 미래다　83
하늘 아래 첫 동네　86
선운사禪雲寺　98
촛불　100
가스똥 바슐라르의 불꽃　100
비천飛天　102
부석사　104
고사목　107
빈손　108
총구의 집　109
빨래 2　112

3부 이른 여름을 이해하는 법

홀로 가는 길　116
둘레길에 핀 겨울　117
별빛 경관警官　120
가을이 온다　122
태풍이 지나는 자리　124
생명의 환희　130
태양이 웃는 이유　134

낯선 마을에서　136
이른 여름을 이해하는 법　140

4부　그리움이 온다

그리움이 온다　144
우리! 사랑·할까요?　149
바다가 사랑인가요?　152
열꽃　155
윤리倫理의 비　158
대합창　161
마을회관 앞에서　162
만약, 그럴 수 있다면　164
봄, 오다.　166
아침 소리　168

5부　안녕하세요?

안녕하세요?　172
어머니의 반도　174
소리　178
화장품 방　181
성찰省察　185

신新! 찬기파랑가　187
은어 낚시 통신　190
여보게!　192
유월　195
첫눈　196

6부　마당 깊은 집

만남　200
마음의 꽃　201
흥국사興國寺에서　202
겨울맞이　204
마당 깊은 집　205
서귀포　208
아버지의 시간　210
어머니의 잔　212
생불生佛　214
할미꽃　215
봄의 창을 열 때마다　216
바람의 눈물　21

시평　안개 걷힌 들판의 계절 언어　221

사랑이 필요한 사람은 나에게 오라

1부
시간의 바람

바른 소리

바른 소리에는 젖먹이 울음 같은
맑은 꾀꼬리 소리가 들어 있어

녀석이 어미를 찾아 우는 소리에는
우주의 미세 음향까지 실려 내려와
세상 어느 곳에도 없는 청아한 목소리를 내지
그 소리는 은은한 동심원을 그리며
맑은 마음의 파장을 채우고
하늘로 올라가 천사가 되는 거야

산사에서 들리는 맑은 범종 소리나
꾀꼬리의 맑고 청아한 소리는
폐부로부터 울리는 상큼하고 긴 여운이
가슴을 휘감아 돌며 생명을 깨우는
발길의 그윽함을 잘 이해하고 있거든

마치 가까운 가족이 나를 부를 때
통통 알이 가득 벤 벼이삭처럼

동글거리며 다가오는 소리를 우리가
사랑이라고 부르는 것과 같은 거야

바른 소리에는 산그리메를 돌아나오는
메아리가 들어 있어
그 메아리 속에 담겨진 천상의 노래가
애기똥풀처럼 잠자며 꿈꾸고 있지

나와 당신의 하루

1.
나는 지금 변함없는 하루를 만지며 흔들리는 열차
뒷칸에 위태롭게 서 있다

반대쪽으로 가는 차량에는 내 지난 시간의 흔적이
매달려 단풍처럼 손을 흔들고 청춘을 지우며
달려가고 있다.

2.
오랫동안 접어놓았던 행복이 지하철로의 어둠 속으로
스며들면 득달같이 달려드는 바람 속에는 심한
악취가 코를 진동하곤 했다

행복을 지운 냄새가 유쾌하다는 것 또한 일상에서
벗어난 일탈이므로 흔쾌히 용서하기로 한다

3.
외롭다는 수식어는 사치스러운 단어다 조작되어

있을지도 모르는 하루를 사는 사람에게 허용된
은유치고는 너무나 근사하기 때문이다. 차라리
쓸쓸하다는 표현이 오히려 반갑다

그사이 울울창창한 밀림 같은 도시에서 잘려 나가
나무 밑둥처럼 상처 입은 철로를 달려야 하는 일상은
언제나 피로하다.

4.
세상에 오르지 못할 산은 없고 한번 오른 산을 다시
오르지 않을 이유도 없다 같은 이유로 한 레일 달리고
난 후 다시는 밟을 수 없다는 레일은 어디에도 없다.

그렇게 우리는 서로의 손을 맞잡고 힘든 산을 어렵지
않게 오르고 서로의 어깨를 연결하여 하루의 레일도
힘차게 달린다.

5.
그리하여 여전히 만들어진 하루는 여전히
위태롭지만, 지금은 다행히 아무도 그립지 않을 무렵,
지하를 벗어난 레일 위를 달리는 열차의 은빛 경적이
쟁반처럼 평온하다.

더불어 모난 상처를 지우는 계절의 표정은 영롱하고
햇살은 변하지 않는 미소를 하루처럼 드리우고 있다.

꽃님이의 하혈

시간이 흐를수록 잊혀 가는 세상이 두려웠다

찢기고 짓무르고 흐르는 하혈보다,
가슴이 터져 내려 생긴 상처에서 흐르는 고름보다,
세상의 기억이란 해마에서 잊히는 천형의 유산이
외로웠다.

침묵은 인간이 만든 말이 온전한 잠을 허락하는 순간과
함께 한다.

언제나 날개는 아침처럼 푸르렀고 자유의 바다는
넘실거렸으나,
어둠은 그녀들의 찢어진 가슴 속에서 파도처럼
산산이 부서졌다.

눈을 감아야 할 것인지,
눈을 뜨고 회오리 바람 같이 대지의 분노를 깨울
것인지 알지 못했다.

다만 너덜너덜해진 몸을 이끌고 남지나해 습하고
무더운 나라
병영 위안초소가 보이는 절벽에 힘들게 섰을 때,
잡초처럼 전율하는 사나운 물결의 외침을 듣고 또
들었을 뿐이다

나는 거기에 있었다. 나는 거기 누워 있었다. 산소는
너무나 희박했다.

하루에 수십, 수백의 하혈을 낙숫물처럼 쏟으며
모질게 유배되고 있었다.
동맥경화에 걸린 그 모든 악성과 같은 시간에 분노의
대못을 꽂으며,
존재를 잃어가고, 사랑을 수장하며, 먼 이국의 열대
속에서 그렇게 익사하고 있었다.

거기에 있을 동안 하느님은 항상 침묵하고 있었다.

밤이 되어도 드문드문 호롱불이 켜있는 비린내 나는
위안소 안에선
아직도 면도날 같은 비명이 태풍의 눈처럼 뚜렷하게
울렸다.
몇몇의 병사들이 바지춤을 잠그고 동물 같은 웃음을
흘리며 병영으로 돌아가는 동안,
별들마저도 시치미를 뗀 체 어둠을 걷어내며 빽빽한
정글을 가로질러 하늘로 돌아갔다.

아이들은 어머니의 배를 차고 나오는 순간 존재가
되지만, 그곳에서 존재는 어디에도 없었다.

반백 년이 지나도록 생명에 아름다움을 전해주는
모성의 원천은 물이 말랐고,
나의 여성은 어느 사이엔가 바싹 마른 잡초나
폐가처럼 건조해 졌다.

언젠가부터 수요일이면 내 여성이 초경 앓는 소녀로

변하는 광화문의 외침은
공허한 메아리가 되고 날개는 견고하고 붉은
욱일기의 담벼락을 넘지 못했지만,
나는 눈을 부릅뜬 채 임신하여 생매장된 복순이와
자살 바위 아래로 비상한 이쁜이를 생각하며
쪼그라진 젖가슴과 말라비틀어진 성기性器를 움켜쥐고
손에 힘을 쥐고 또 쥐었다.

비록 허무로 돌아오는 메아리일지라도,
모든 산이 골짜기에 나의 목소리를 가두고 또
가둘지라도,
얼마 남지 않은 생애 첫 외침부터 광화문에 서서
침묵하는 비겁에 재갈을 물리고,
잊혀진 생명들에게 때때옷을 입히려 존재로 살아
절규하고 있다.

방파제를 할퀴기 위해 파도는 제 몸을 부딪치며
온몸에 멍을 낸다.

남지나해 절벽에서 날아 새가 되려던 소녀가 있었다.
그러나 모진 목숨 끝내 살아 망망대해 귀국의
밀항선을 타며 가슴으로만 환향가를 불러야 했던,
열아홉 소녀의 이글거리고 떨리는 심장 고동이
있었다.

그 소녀가 부르는 아리랑이 언제나 욱일旭日의 담장을
넘을 수 있을는지,
불꽃보다 진한 아픔으로 산화하며 떨어지던 남지나해
소녀들의 바람만이 알고 있을 것이다.

농아聾啞 할매

2호선 순환 열차 안에서
마스크를 낀 농아聾啞 할매
예쁜 손녀와 화상통화를 한다.

수화手話는 입 모양도 중요한 것인데,
무척이나 중요한 것인데,
손으로만 말을 하자니 할매 자꾸 손짓이 멈추고 또 멈춘다.

화상 너머 답답한 손녀가 고개를 흔들더니
짜증 섞인 얼굴인 채 전화를 끊어 버린다.

한~참~이나,

꺼진 휴대폰을 멍하고 바라보던 농아 할매
힘없이 전화기를 내리며 차창 밖을 하염없이
바라본다.

"서로 무슨 얘기를 하려던 것이었을까?"

건너편 객창으로 힐끗 보이는
할매의 벌건 눈매가 유리에 멍든다.

너에게

너는 울고 있을 때도 행복해 보인다.
눈물이 뺨을 타고 내릴 때의 눈빛에서 남이섬 하나가
둥둥 떠다니는 것 같기 때문이다.

네가 웃고 있을 때는 채소처럼 넉넉해 보인다.
겨우내 얼어붙은 상처가 갈잎 같은 밤으로 가기
위해 이웃은 대문을 활짝 열어 하루와의 작별을
맞이하듯이,
세상의 그리움이 손가락 걸면 너의 몸은 더욱 동글게
말아지며 별처럼 푸른 손으로 하늘을 씻기 때문이다.

네가 만나는 사람은 모두 따뜻한 이웃처럼 방글방글
화사하다
꽃은 필 때보다 떨어지며 안겨 오는 이별에서 더
향기를 내는 법,
사철나무 그늘에 앉아 배춧잎 같은 엽서를 날려 보낸 날
하현달 아래서도 계절은 쉬지 않고 시간을 삼켰지만
네 손을 잡은 사람에겐 신기하게도 시간이 멈췄기

때문이다.

그럴 때면 나는 네가 아는 사람들에게 유행 지난
노래를 보내고 싶다
떨어져도 아름다운 꽃잎의 말로 지워진 시간을
위로하며,
먼 길을 돌아와도 방에 쌓여 있는 오래된 술병 같은
여전함으로
전 생애가 그렇게 얼레에 얽혀 유행가 가락에 장단을
맞추고 싶기 때문이다.

나도 그랬으면 무척이나 좋겠다.
휴식만큼 포근한 안식을 길어 올려 간경화에 포위된
뱃살에 술병 집어 던지고
너의 구름 같은 가슴을 내 가위눌린 체액에 채우고
싶다.

울고 있을 때마저도 행복한 너의 얼굴에 내 야윈 생의

잔뿌리를 묻어버리고 싶다.

지상만가地上晚歌

1.
바람 하나가 지나가다 덜컥 허리에 걸린다
나는 엉거주춤 벽에 기대어 그녀들이 편하게 가도록
배려하다
지붕을 깨무는 빗소리에 놀라 몸 안에 가두기로 한다

바람은 사랑의 다른 이름이라는데 나는 이제 사랑
하나를 가진 것이다

2.
자리에서 일어나 한 모금 커피를 목젖에 넣는다
담배가 피우고 싶었으나 오래전에 끊었으므로
그만두고,
대신 구름 사이로 달아나는 새떼들의 지저귐 따위와
어둠을 무너뜨리며 도로를 달리는 차량의 경적
따위에 귀를 기울인다

새벽이면 저 새들은 강으로 날아가 물푸레나무

사이에 몰래 알을 낳고,
내 몸속 바람의 영양을 탐내어 나에게 달려들 것이다

세상의 예의가 실종된 시대, 새들에게 예의를 바라는
것은 애당초 사치다

3.
저녁에 내 짧은 생각들이 한꺼번에 뛰쳐나가 텅 빈
거리에서 현란한 춤을 춘다
그 사이 방향 잃은 나의 꿈은 서성이고 설익은 생각의
춤사위에 노출된
자의식의 그림자만 장마에 젖은 들풀의 맹독처럼
번져 가는데,
어쩌자고 기억은 몸에서 멀리 밀려나 한여름의
분지를 하염없이 헤매는 것인지!

4.
깨어난 사람들은 모두 어디에 머무는가? 도대체

깨어난 사람이 있는가?
내게로 날아와 바람을 맞은 새들은 다 어디로
갔는가?

혼탁한 세상의 편린片鱗을 쪼아대며 지상에 비는
비처럼 내리고,
그 안에서 선운사 쪽동백 같이 붉어진 시대의
일그러진 자화상만이
몸속에 자란 암세포를 꺼내어 김수영이 밟은 풀잎을
베고 눕는다

5.
사는 데 있어 사랑만이 전부가 아님을 아는지라,
쏟아지는 비에 젖은 마음을 헹구며 내 안의 바람을
놓아주려 한다

4월을 걷다

푸르름의 파도가 시나브로 대지의 밀도를 조여간다.
피고 지고 피고 지는 꽃의 개화는 잔인한 달의
문풍지를 얼마나 뜯어내려 하는 것인지, 희고 붉은
손톱의 행렬이 대지의 게으름을 사정없이 할퀴는
소리에 놀라 잠을 깬다.

도시의 길섶과 공원에 초랑초랑한 풀잎이 귀를
쫑긋 바람을 살핀다. 발끝에서 옴지락거리는
풀잎과 이슬의 밀회가 간지러운 나무들은 발등을
꼼지락거리며 몸을 부르르 떤다.

어릴 적 우리는 어린 왕자를 통해서 바오밥 나무를
배웠다. 부처님을 흠모하고 존중한 결과 기꺼이
보리수나무 곁으로 갔다. 명상과 산책이란 단어가
주는 경쾌함은 우리에게 메타세콰이어를 선사했다.

그 기억의 흔적을 비 오는 강안江岸 한켠에 소록소록
잠자고 있는 물푸레나무에서 본다. 물의 경련을

이기려 되돌아 누워 있는 갈대의 흐느낌을 통해
읽는다. 4월의 기억은 잔인한 달의 이미지로만
채색되진 않는다.

걷는다. 비가 오는 거리를 눈을 감고 살포시 걷는다.
마치 숲속이나 강안의 숲길을 잇는 것 같은 리듬으로
걷는 길에 쏟아져 내리는 비의 운율은, 동편제의
절정이 연출하는 우렁찬 함성을 닮았다.

길의 끝에서, 강안에 인접한 공원의 호수에 떨어지는
비의 율동에 흔들리는 물빛이 추상미술을 낳는다.
그 사이 이제는 화관을 떨어뜨리는 영춘화迎春化의
웃음소리가 푸름의 대열을 재촉한다.

어설픈 연기를 들켜버린 새싹의 미열이 아스피린을
찾으러 봄으로 간다. 번짐이다. 번짐 속에 성장하는
푸른 생명의 알싸한 믿음이다.

봄, 사랑을 사랑하라

사랑이 필요한 사람은 나에게 오라

그늘마저도 우윳빛깔을 띠는 오후. 봄 햇살의 세례를
받으며 길을 나선다
가야 할 곳은 없다. 다만 만나고 싶은 사람이 많을
뿐이다

혹,

내가 가는 길에 동행할 사랑 있다면 어서 오라
와서 서로 바람 되고 강물 되어 부대낌으로 설레어
보자

사랑을 잃은 사람은 다 내게 오라

괜시리 잃어버린 신발 한 짝 찾지는 마라
떠난 자는 나머지 한 짝마저 버리고 승차했나니,
대저 미련의 언덕에 피어날 자비꽃은 없다

세상에 어리석은 사람은 짝사랑을 잊지 못하는
사람이며
두 번째로 어리석은 사람은 첫사랑의 기억에 목말라
애태우는 사람이다
물론! 가장 덜떨어진 자는 그런 사랑마저도 해보지
못한 '못난 놈'이지

그래서 말인데,

다시 사랑하고 싶은 사람들은 어서 달려와 내 심장을
열어라
망명 정부의 지폐를 만지듯 철 지난 사랑의 속살은
앙큼하다
가슴을 쥐어뜯고 내장을 후비며 망가지는 육체의
향연을 즐긴다

너의 땀내 나는 속울음을 가식이라 폄하하고
너의 고단한 일상에 연고조차 발라주지 않는

자들에게 감정은 절대 사치려니
어서 와 나의 미소에 경배하고 내 심장의 고동에
주파수를 맞춰라

그림자 아름답게 뜨는 밤의 달에게 사랑의 자격을
묻는
나의 하루가 창백하여 차라리 고운,

봄은 여전히 사랑이다.

꽃샘추위

봄은 어디쯤 오고 있을까?

내 몸의 돌기를 모두 깨우고 하수구로 침몰하는
바람의 냄새가 여전히 차갑다

'나도 한 번 봄 마중해봐야지!' 서둘러 행장을 꾸려
나온 마을 공원엔
다시 말라가는 풀과 먹장구름만이 내 서투른 행동의
가벼움에 손가락질하고,
계절의 신이 정성껏 헹구어 대지로 밀어 올린 햇발은
겨울의 부레옥잠에 갇혀 아직도 끊어진 연륙교만
바라보고 있다

빠르게 저녁은 오고 순환의 산수유가 지고 개나리와
영산홍이 차례로 코스프레한 자리

봄의 흔적이라도 찾을까 하여 풀더미를 뒤적이던
나의 손무질이 안타까웠는가?

허기에 지친 내장을 꺼내 씻기에도 지쳤는지 옹이
박힌 고마운 백목련 한 그루가
이제 그만 가라고 북풍에게 호통치며 봉우리마다
가부좌를 틀었다

시나브로 흘러오는 구름의 질량이 가슴 뭉클한
노을을 회화처럼 만들 때
봉분의 비문처럼 앉아 가슴의 빗장을 잠그는 사이
서서히 가시는 겨울의 더께,

백목련의 호통에 속 치마 들춰서 눈물 닦으며
철새처럼 북녘으로 걸어가는 겨울의 발자국 소리
이내 하수구를 빠져나온 바람은 훈풍이 되어 내 몸의
돌기를 다시 재우고
초가지붕에 널려 있던 마른 풀들은 치장하며 내려와
공원에 푸르름을 심고 있다

겨울은 어디쯤 가고 있을까?

사랑과 자유를 위한 변명

1.
한 번쯤 멋지게 살아보리라 생각하던 시기가 있었다

마른 풀잎 같던 유년의 흔적이 덜 자라난 의식에 닻을 내리고
비자나무 상처 속으로 바람의 진실이 몰려올 때,
내 상춘의 기억들은 미열微熱로 떨어져
거듭된 슬픔만 쌓여 침묵이 유난히도 길었던 시절

2.
폐가를 얻어 군불 때고 누워,
내게도 살 공간이 생겼노라 흐뭇하던 시절이 있었다

지금은 음란淫亂처럼 윤기 잃은 장년,
한때 나에게도 세상에 관심 많은 시절은 있었나니
그 당시 나의 꿈은 마리화나였다
내 시선은 바람을 바라보는 일에 대부분
소요되었지만

어머니 손등 같은 생활은 연체동물처럼 풀어져 한
줄기 햇살에도 목말라 했고

3.
검은 깃발 속에 펄럭이는 외로움을 삶의 기둥에
매어둔 적이 있었다

한 걸음 한 걸음씩 세상을 걷다 보면 황금 들판 같은
평화가 보일지도 모른다고
천지사방 뿌리내린 그리움은 모두 불러들여
여인네 미소처럼 맑은 꽃잎으로 틔워보려 했을 때,

4.
다시는 내 체온으로 바보 같은 사랑은 빚지 않겠다고
다짐하던 시절이 있었다

사랑은 그저 사랑일 뿐이고,
기억은 언젠가 잊기 위해 존재하는 거라며

바지 주머니에 접혀 있던 알 수 없는 그리움에도 이내
자물쇠를 채우던 시절

사랑이란 바다의 넉넉함이 성난 파도를 감싸 안듯
따뜻한 가슴 하나 가져보는 일인데
상처 많은 내 체온에는 온기溫氣가 없었다

5.
다가가야 할, 다가가고 싶은 당신의 육신
그곳으로 씩씩하게 들어가 뿌리 내리고 싶다

바다가 술렁이며 몸을 뒤챌 때,
밝은 세상 눈꽃으로 슬픔이 내릴 때,
마른 풀잎 같던 내 유년과 꿈틀거리는 생명을 거둔 채
다정한 초막에서 저녁 장작불 지펴가며
아직은 쓸 만한 내 우주에 풀잎을 키우고 싶다

세상의 문을 열어 사랑을 수놓는 손들과 따뜻한

고봉밥 한 사발 나누는 온정들

들판에서

1.
비가 내리면 나의 창백한 들판에는 망명하는
새떼들의 귀여운 지저귐 같은 인간의 계량기로는 잴
수 없는 천공의 소리가 들린다. 마치 세상에서 밀려난
이방인의 소리 없는 외침처럼, 오래전에 떠나간
연인을 그리워하는 잡인雜人의 배낭 안으론 쓸쓸한
겨울바람만이 밀려왔다가 사라지는 행위를 반복하고
있었다.

2.
서로를 기대 살던 연인이 떠났을 때, 그녀가 버리고
간 방의 공허한 안개로부터 피신하고 싶어 더 깊이
숨은 벽장 안에는 파지로 가득한 인생의 구슬픈
가락이 트로트처럼 잠겨 있었다. 그랬다. 그녀가 놓고
간 정성에 묻은 인생의 냄새는 그대로 가락이 되어
나의 현재를 노래하고 있었다.

3.
벽장 파지에서 들리던 트로트 가락이 들판에 마련한
한 칸 시인의 방으로 들어와 고요히 문을 걸어 잠그고
북극성처럼 기지개를 켠다. 그사이 변방의 모든
말들을 쓸어와 어제 내린 눈의 폭음을 몸에 넣고
해장을 위해 들판을 떠나는 메아리의 변심. 저기
찰떡같이 붙어 있는 젊은 연인들의 허리께에 머무는
빈 하늘은, 망명을 결심하고 하늘로 오르는 새떼들의
지저귐으로 참담하다.

4.
나는 그 사이에서 날지 못하여 슬픈 타조처럼
외로웠다.

5.
다시 눈은 내리고 잘 개어 바른 문풍지 같은 우량계가
겨울의 체온을 재는 시간, 어제보다 급강하한
기온으로 인하여 계절이 몸살을 앓고 들판이

눈더미를 안는다고 해도 이미 시작된 새떼들의
망명은 멈추지 않을 것이다. 내리는 눈으로 인해
보이는 도시의 마천루는 밤새 흙빛이었다. 그러나
지금은 연한 갈색 톤의 거울 같은 모자를 쓰고 있다.

6.
마치 마른 풀잎 버짐 한 조각을 천형처럼 지고 자는
어느 노숙자의 빈 가슴에 까닭 모를 성욕性慾이
내린다. 그가 젊은 시절 꿈꾸었을 세상에 대한 환희가
지하도에서 막을 내린 밤, 그가 살아온 시간의
나이테에는 붉은 노을이 그림처럼 걸렸다. 그사이
저기 저 멀리에서 내리는 눈의 안개를 헤치고 망명한
새떼들이 나타나자 노숙자의 이마 위로 톱밥 난로
같은 겨울이 이글거리며 타올랐다.

7.
그런 세상의 어설픈 버릇들 사이에서 오늘도 나는
들판을 바라보며 하루를 달래고, 수로의 고인 물처럼

유지되는 생명을 살려 우주로 가는 열차에 몸을 싣는다.

그리움은 나의 힘

그리우면 지는 거라는 걸 잘 알면서도 나는 자주
사람이 그립다 그럴 때는 도시의 중심으로 가 오가는
사람들의 얼굴과 눈을 바라본다

때로는 켜켜이 이어 붙인 성냥 각 같은 내선 순환
전철에 몸을 싣고 피로가 듬뿍 담긴 승객들의 표정
사이에서 잃어버린 길을 찾기도 한다

사랑이라고 부르지는 않기로 한다 마음속에 한 척
한 척 채워둔 그림자는 그저 환상일 뿐, 나의 시는
날개를 접고 위태롭게 흔들리고 있다

오랫동안 하늘과 가까운 마을에 살면서 지상에
늘어가는 생각의 나이테가 그렇게 많다는 걸 알지
못했다

속절없이 시간이 넘어지고 겨울이 담벼락에 부딪쳐
멍든 얼굴로 나타났을 때에야 비로소 바라본 햇살은

늙어 있었다

환승 열차에서 내려 차가운 보도 위에 서서 옷섶을 여민다 추위와 길쌈하는 마음과 종주먹을 날리는 마음이 충돌한다

그립다고 다 지는 건 아닐지도 모른다 허름한 삶도 잘 깁고 다리면 골목에 누운 늙은 햇살처럼 평화를 찾듯이, 그리움의 진실을 온전히 이해하면 사람이 보이기 때문이다

그리움의 하루를 정성스레 다듬고 환승역 개찰구를 빠져나가는 바쁜 승객처럼 종종거린다

존재를 강탈하는 바람의 헛기침이 요란한 차량의 울음 사이로 고요히 묻힌다.

어느 해 겨울, 제주

Ⅰ
'칼릴 지브란의 사랑 시에 덧붙여 나는 쓰네.'

눈보라가 미세먼지처럼 거리를 뒤덮고 해일海溢이
밀려와 방파제의 근육을 파열한다.
제주에 찾아온 몇십 년 만의 이상기온은 요란한
소리도 없이 섬을 잠근다.
아무런 준비도 없이 트랩을 내린 공항에는 야자나무
밑동이 통째 잘려 나가고
사선으로 불어대는 바람에 성긴 식성 좋은 눈발은
광고탑 간판 따위는 쉽게 먹어 버린다.

이리 밀리고 저리 밀리거나 혹은 날아가다가
멈추기도 하던 사람들은
참혹한 계절 사이를 낮은 자세로 포복하며 흔들리는
승용차나 택시 문을 당기거나
600번 서귀포행 버스에 구겨진 몸을 던진다

'혼저옵서예!'

공항을 상징하는 아치는 제주도식 예의禮儀 속으로
차량을 삼키고
문득 '해드윅-헝그리인치'의 한 장면처럼 '블루 벨벳'
풍의 사내들이 뒤틀리며 걷는다.
좀처럼 눈 구경을 할 수 없는 제주에서 환영받지
못하는 사랑에 가슴 아파하는 사람들에겐
눈 내리고 해일 몰려오는 겨울은 칼릴 지브란의
소녀처럼 우울하게 다가오겠지만,
기억이란 '과거의 현실 속에 만났었던 사람들이나
경험 또는 행위가 탈 시간화하여 생겨나는
이미지들의 저장고'인 것을 아는 자의 걸음은
제주에서 머물 곳을 찾아 헤매는 대신 의식의 유체
이탈을 좇아 어쭙잖은 방랑을 꿈꾼다.

II
산길로 접어들자 앞다투어 얼굴 내미는 감귤들,

에티오피아의 커피는 만 리를 날아간 이국
프랑스에서 카페 문화로 환골탈태하는데
제주에 지천으로 널린 감귤 나무는 그저 나무일 뿐
감흥이 없다

'이런 날은 너희도 추울 텐데 한 짐 가득 땔나무로
엉덩이라도 데워주랴?'

중문관광단지를 향하던 600번 버스가 선다. 한 치
앞도 볼 수 없는 지독한 안개
'안개는 이 섬의 명물이고 섬사람들은 누구나 안개의
주식을 갖고 있겠지?'
기형도처럼 읊조리며 나는 단 한 치의 지척도 분간할
수 없는 사위를 둘러본다.
순간 가로수 한그루가 부러지는 듯싶더니 한라산으로
가는 도로의 차단을 알리는
다급한 기상 캐스터의 목소리 열린 차창 사이로
흘러드는 눈발에 체포된다.

하얀 모자를 이불처럼 덮고 있는 중문의 입술 파란
가로수는 얼굴이 창백하다.
'제주의 비자림을 보고 싶었어.'
나지막이 읊조리는 사이 사륜구동 레저용 차량이
투박하게 눈발을 헤치고 온다.
따끈한 목줄을 태우는 편의점의 캔 커피
에스프레소는 깔깔하다.
"어서 와라. 이 난리에 제주엔 웬일이냐?"
"그냥 왔다. 너 보고 싶어서."
"짜식."
"춥다. 니네 집에 가자."
"여기서 좀 간다. 난드르라고 좋은 곳이지. 경치가
죽여. 나 펜션 하며 산다."
"소원 이뤘구나. 넌 원래 이런 생활이 어울리는
인간이었지."
"여기? 그래 제주는 천국이지. 이런 날은 내려오고
처음이야. 너도 와라."

"글쎄? 나 지쳤다. 그렇지만 내려오는 게 쉽진 않아.
그냥 하루만 재워주라."
경운기나 간신히 갈만한 길을 녀석의 사륜구동은
씽씽쌩쌩 거침없이 잘도 달린다.
"천천히 가. 미끄러질라. 나 아직 더 살아야 하거든."
"걱정 마, 인마. 너 안 죽여. 내일 간다구? 흐흐
모르는 소리. 제주에 당분간 비행기 못 뜬다. 겨울엔
손님도 없어 심심한데 잘 됐다. 날씨 좋아질 때까지
소주나 죽이자."

고요한 어촌에 나무로 지은 통나무집의 조화, 안개의
주식들은 여기서도 상한가를 치고 있다.
사위가 온통 어두워질 무렵 멀리 바닷가에 켜진
불빛의 행렬이 어시장을 만든다.
"저 바닷가에 불빛들은 뭐냐?"
"저거 중국 어선들인데 풍랑이 세지면 이 바다 근처로
피항避港 해서 저렇게 며칠씩이든 정박하곤 하지. 이
주위에서 우리 마을 바닷가가 제일 잔잔한 편이거든."

수백 척의 어선이 펼쳐놓은 불빛의 파노라마는 한
편의 교향곡이고 대합창이다
나는 오랜 시간 눈 내리는 바다 앞에 서서 고전
음악의 해풍을 몸으로 받는다.

"얼어 죽는다. 영하 1도밖에 안 되지만 여기선
체감온도가 장난 아냐. 들어와."

제주 소주로 가슴을 적시며 '제주도의 푸른 밤'을
흥얼대는 얼굴이 붉으레하다.
이방인이 마시는 술잔이 바람에 흔들리자 제주가
몸살을 앓는다.

눈 내리고 해일 이는 제주도의 깊은 겨울밤,
참혹하리만치 사람들이 그립다.
붉으레해지는 볼따귀 사이로 열린 창문을 타고 해풍이
들어 온다.

십 년 전 제주에 온 사륜구동의 사내는 세월의 깊이를 닮은 팔뚝을 가졌다.
자연을 그리려 찾아온 이방인의 숨결을 오름은 알고 있을까?

누군가를 만나면 미치도록 으스러지게 안고 싶어지는 제주의 밤은 말이 없다.

세월

강물 위로 꽃잎이 간다
세월도 꽃잎처럼 간다

강물 위로 구름이 흐른다
세월도 구름처럼 흐른다

나도 따라 가고 싶다
나도 따라 흐르고 싶다

구름을 타고 강물을 건너
세월을 낚아 올리고 싶다

이 내 견고한 손바닥으로
세월의 부드러운 속살을 만지고 싶다

세상의 모든 것에는 다 이유가 있다

2부
존재 속의 기억

비와 몽상

1.
비는 사람을 가라앉게 해!
보도블록을 할퀴고 세상의 관절을 들락거리며
영양결핍을 투시하는 물방울의 광염 소나타
때론 모르핀보다 더 자극적으로 뒤틀린 심장을
핥아대는 아뜩한 몽환夢幻

간이역에서 이상향의 땅으로 출발하는 마지막 열차
같은 희망의 비가 내리면,
바이칼호 알타이아 촌락에도 짜장면 곱빼기 같은
평화가 움트지

2.
비가 내리는 날에는 어떤 얼굴을 할 것인가?
비가 내리는 날엔 정녕 무엇을 해야 하는가?
비가 내리는 날이면 어떤 묵시록으로 행방불명된 내 육신을 찾아야 하는 것인가?

누군가와 헤어지는 날에는 가능한 비가 많이 내리는 게 좋겠다.
그래야만 보도블록에 깔려 있던 미련이 빗물에 쓸려 하수구에 처박히는 광경을 보며
춥고 외로워질 기억의 열꽃을 마음속 깊이 앓을 수 있을 것이다.

비가 내리는 날에는 대로에 나가 권태로운 수음을 하자
비가 내리는 날에는 재생 불가능한 꿈의 상흔에 덕지덕지 일회용 밴드를 도배하자
일상에 스캔되어 형편없이 늘어진 아랫도리를
단단하게 발기시켜야 함은 물론이지.

3.
어머니,
비가 오는 날에는 그까짓 낡은 부고장 같은
채무고지서를 수챗구멍에 던져버려요.

고무마개를 간단히 뽑아, 냄새나는 악취 속으로
어머니 고무줄같이 늘어진 생애를 끌어넣어요.

어머니,
삼십 년 된 슬라브 지붕을 쪼아 먹는 저 세찬
빗줄기의 근육을 보아요.
비의 정수리 속에 철 지난 해수욕장 같은 아버지가
흙벽돌을 빚고 있어요.
고집스레 비의 억센 줄기가 허물어내는 흙벽돌을,
바람보다 더 거칠게 흔들렸던 아버지의 늙은
시간들이 막아서는 게 보여요.

어머니,
먹장구름 속에서 분해된 아버지가 부서진 흙벽돌을
감싸고 내리고 있어요
비 오는 날이면 아버지를, 채무고지서를, 중풍 앓는
자식새끼의 썩은 뇌세포를
갈기갈기 찢어내어 흐르는 빗물에 뿌려버리고 하늘에

제사 지내요.

4.
다 쓰러진 집 창틀에 기대어 내리는 빗줄기에 시선을 맡긴다.
지칠 줄 모르는 비의 취조에 넋을 잃은 사내에게
도대체 언제부터였는지 모르지만
세상에 가진 이유 없는 적개심이 하나둘씩 기어 나와
윈도우 브러시를 흔들고 있다.

염병할, 사내의 시야를 점령한 빗줄기가 차창 밖에서 늑대처럼 울부짖는다.
게쉬타포처럼 당당하고 홍위병처럼 당돌한 비의
근육筋肉!

이런 날이면 어머니는 텃밭에서 부추와 파를 뽑아 전을 부쳤다.
지상에 방 한 칸 마련 못 한 가족의 이마에서

노릇노릇 익어가는 부추전과 파전,
어머니는 치마 속에서 계란을 낳아 지상에서 가장
맛난 손자국을 찍어내셨다.
어머니가 준 백 원짜리 지전紙錢을 들고 양은 주전자
막걸리를 사러 나가며 상쾌한 내 발길에 흐르던 어림
반 푼이 같던 미소.

아버지와 소년의 마주한 간소한 주안상酒安床,
어머니는 솥뚜껑에서 전을 꺼내며 애써 가난한
웃음을 소박하게 웃었다.
빈대떡 솥뚜껑에 눌려 모든 세월을 할퀸 어머니의
주름지고 투박한 손을 보고 소년은 울었다

삐꺽거리는 창문을 열고 머리를 내밀어 하늘을 본다.
세상이 할퀸 얼굴을 향해 또 한 번 사정없이 토해내는
구름의 토사물
먹고 또 먹어도 배가 고프던 시절, 들판은 그나마
살아 있는 계절의 알곡 창고였다.

그 시절 비는 절박한 내 들판의 관절을 쑤시며 댓병
소주같이 몸속을 기어 다녔다.

지금 얼굴을 때리는 이 빗물은 그 시절의
눈물이던가? 아니면 콧물이던가?
화전花煎 부침개 진달래를 입은 꽃잎처럼 정겨웠던
가난이 그리워지는 시간이 외롭다.

5.
하루종일 비가 내리면 그림자들의 휴식은 마냥
즐겁다.
내 온몸을 정성스레 주무르는 자연의 퇴폐 안마사,
비는 드드득 드드득 손가락을 겁나게 꺾고서
벌레처럼 움츠린 온몸을 두드린다.
타고난 음감으로 변주되는 율동들, 비의 마사지는
솜털구름처럼 아늑하다.

비가 내리면 세상의 모든 눈물이 따라 내린다.

가을이 오면 세상을 거슬러 올라가 산란産卵을 마치고
성스럽게 죽어가는 연어처럼
사람이 흘리는 눈물은 빗물 속에서 봐야 더 아름답다.

내가 버린 시간이 내리는 비와 이미 내린 비 사이에서
멈춰 선다.
나를 떠밀고 비가 만든 시간의 문으로 집어넣는 마른
세상의 습성들,
도시의 모든 욕망이 뛰쳐나가 산란을 끝낸 연어의
등짝을 부드럽게 쓰다듬는다.
멈춰 선 시간이 외롭게 눈을 감는다. 마당을 쪼아대는
물방울의 연주는 향기롭다.

잠시 쉬고 있는 비에게 다가가 겁도 없이 악수를
청한다.
정성스러운 참혹한 내 일생을 두드린 안마에 대한
고마움의 대가치고는 참으로 싸가지 없는 짓이다.
그러나 예의 없는 나의 행위에도 비는 그저 묵묵히,

울울창창한 이 산하의 나무들 같은 넉넉한 미소와
말없이 흐르는 이 땅의 모든 강물처럼 반겨줄 뿐이다.
알아주는 사람은 없지만, 세상을 향한 비의 손바닥은
참으로 따뜻하다.

6.
비가 오면 사랑하는 사람의 눈은 버릇처럼 하늘을
향한다.
불투명한 먹장구름이 거친 숨을 쉬면서 관능처럼
내려온다.
은행나무에 걸린 비의 혈관 하나가 세상의 모든
어둠을 지우고 있는 지상,
창가에 비의 등을 탄 그리움이 걸리고 대지는 여전히
촉촉하지만
비의 두 볼은 어느새 세상에 어두운 사내의 얼굴을
사정없이 때리고 있다.

비가 정차하는 간이역에 소리 없이 다가와 앉는 바람,

세상에 찌릿한 안개를 피우며 떳떳해지던 시절이
누군가에게도 있었겠지만
바람은 미래의 생을 키우며 참혹한 지난 생의 치욕을
지우고 있다.
온 우주에 사선을 긋는 빗줄기의 힘에 생의 바람은
뜯겨지는 비늘처럼 온순해진다.

비가 내리면 우리의 가난은 더욱더 청명해지고
햇살은 죽은 갯벌처럼 울겠지만,
불끈 솟은 여인의 가슴 위로 엎드린 공사판 막일꾼의
하루처럼
이 산하를 적시는 비는 억센 숨결로 살아 흑백 필름
같은 모든 영혼을 채색한다.

우주에서 내리는 비의 신, 우사雨師의 내공은 우렁차고
단단하다.

무송霧松

미명의 안개는 마치 지린(길림)의 수변을 둘러싼
삼면의 호수 정경을 순간의 홀경으로 만드는 안개의
음습을 닮았다.

긴 겨울, 상류 댐의 열기로 방류된 물줄기가
서하西河의 열섬으로 데워져 호수의 물안개를 애무할
때마다, 주위의 모든 나무와 갈대는 수줍음에 몸살을
앓아 순백의 얼음 조각으로 벌거벗은 나신裸身을
위장한다.

'무송(몽송)'은 그렇게 지린시의 맵디매운 겨울을
따뜻하게 위로하고, 오로지 가족의 엥겔계수를
위하여 판자촌에 둥지를 튼, 농번農繁 노동자의 메마른
가슴과 할퀴어 구부러진 등짝에 연고를 발라 준다.

그리곤 아침 햇살에 놀라 후드득후드득 얼음 조각을
깎아내며, 자신의 성긴 마디마디 안개꽃 가득 애정을
토해놓으며 비로소 스스로를 해체한다.

이성이 지린의 무송을 도려내며 흐린 도시의 빗장을 여는 사이, 사하 건너 황토지의 고량주를 흐르던 한 사내의 입술에는 소리 없이 주화입마가 걸리고, 군중 속의 고독은 지린 무송의 형언할 수 없는 야경에 휘감겼던 사내의 깊은 꿈도 햇살의 날카로운 비수에 여지없이 베어진다.

무조건 바라는 것이 아닌, 스스로를 채워가야만 나타나는 소시민의 그림자처럼, 지린을 채우는 무송의 안개에는 희망이라는 낮달이 걸린다.

존재하는 이유

*

세상의 모든 것에는 다 이유가 있다

집은 나가기 위해 존재하는 것이다

약속은 깨어지기 위해 존재하는 것이며
만남은 헤어지기 위해 존재하는 것이다

태어남은 죽음을 위해 존재하는 것이며
영혼은 없고 육신은 그냥 없어지는 것이다

비는 맞으라고 내리는 것이며
어둠은 범죄를 위해 존재하는 것이고
밝음은 분노를 가리기 위해 존재하는 것이다

*

그렇다. 세상에 존재하는 것에는 다 이유가 있다

기쁨은 슬픔을 잊기 위해 존재하는 것이고
슬픔은 기쁨을 쫓기 위해 존재하는 것이다

사랑은 증오를 만들기 위해 존재하는 것이고
증오는 사랑을 먹기 위해 존재하는 것이다

사랑하는 사람에게는 독주를 안길 것이며
증오하는 이에게는 맑은 포도주를 선사할 것이다.

내 오른뺨을 때리는 사람은 나를 사랑하는 사람이며
모욕을 주는 자는 죽고 싶어 환장한 사람이다.

*

존재가 있는 곳에 이유도 있다.

희망은 절망을 잉태하기 위해 존재하는 것이며
절망은 희망을 기만하기 위해 존재하는 것이다

자유란 구속을 당연히 생각하는 전조이며
구속이란 자유를 거부하는 본능의 몸짓이다

욕망은 두뇌의 찌꺼기가 몸에 남긴 배설물이요
배설물이란 무뇌아無腦兒들이 버리는 지식 덩어리다

술과 담배는 불필요한 인간의 건강을 염려하여
존재하고
인간의 건강은 술과 담배로 인해 나날이 즐겁다

*
존재하는 것에 있는 이유는 다 아름답다

파도는 해변의 바위와 싸우느라 퍼렇게 멍든 것이며
해변의 이마는 파도의 위력에 눌려 탈모가 심하다

부지런한 개미는 죽도록 일만 하는 존재이지만
게으른 베짱이는 예술을 통해 세상을 비웃는다

우체통이 빨간 이유는 소녀의 설레는 두 볼 때문이고
우체통에 편지가 없는 이유는 사람들이 더 이상
생각을 안 하기 때문이다

산에 가기 위하여 사람들은 먼 길을 차를 타고 가지만
정작 산은 말없이 밟히며 슬프다

*

존재의 바다는 여리고 가늘게 숨을 쉰다

사람들이 가장 두려워해야 하는 것은 기억에서
잊힐까가 아니라
도대체 자신이 왜 사는지를 모른다는 것에 대한
분노이다

사랑은 물질로 보상받을 때만 진정한 기쁨을 얻고
물질은 사람들을 타락시킬 수 있는 지고지순한

가치(?)다

세상에 잘난 사람치고 부모에게 효도하는 자는
드물다
잘난 이들은 세상을 위해 할 일이 너무나 많기
때문이다

대저 도덕이라 하는 것은 위선의 탈을 쓴 자들이 만든
가면이며
세상에 방기放棄하는 자들의 말로末路는 언제나
찬란하다

*

가진 것을 모두 벗으면 존재는 저절로 다가온다

부모에게서 버림받은 아이들은 진실로 행복한
녀석들이며
사랑에게 버림받은 이들에게는 축배가 있을 것이다

인간이 세상에 존재하는 이유는 자연 질서 파괴를
위한 것이며
자연재해란 상처 난 자연이 쏟아내는 저항의
몸짓이다

모든 생물들은 궁극적으로 죽기 위해 존재하지만
식물과 대지는 생물의 부패를 보며 나날이 흐뭇하다

신은 죽었다는 니체의 말은 존재론적으로 거짓이다
왜냐하면 애초부터 신(유럽 문명)은 존재하지
않았으니까

*
시간이 가면 존재는 해탈의 옷을 입는다

불교적 깨달음으로 존재를 이해한다는 것은 웃기는
일이다

존재란 의식주도 성^性도 아닌 단지 움직임이다

허나, 그 움직임이 내가 있음이니 이는 곧 존재라

지금 내가 존재할 수 있는 이유는 온 우주가 나를 버린다 해도
아직 내 곁에 나만을 바라보는 단 한 사람이 있기 때문이다.

빨래

빨래를 한다.

옷에 묻은 불량끼를 떼 내어 하수구를 즐겁게 한다.

일상이 단순해진다.

심해어 深海漁

지구 표면의 70%를 감싼 바다, 표해수층을 지나
중심해쯤에 심해어 배럴아이가 살았다.

파도 소리조차 어둠에 잠겨 사라져버리는 깊이를
가늠할 수 없는 심연,
그 어둡고 침침한 세상의 끝자락에 눈도, 폐도,
심장도 말라버린 원형질의 날것으로 일억 종의
심해어는
여인의 물결 같은 꿈을 타고 원형질과 같은 마리아나
해구에서 춤을 추며 배럴아이처럼 산다.

"아, 이 지겨운 비린내. 나의 원양어선은 시들어버려
심해에 닿질 못해. 난 심해에 살고 싶지 않아. 바다를
나갈 거야."

그 종들 가운데서 얼굴이 유난히 투명한 머리통의
큰 눈을 가진 배럴아이의 치어가 바람 빠진
고무풍선처럼 말했다.

"얘야, 세상은 친절하지 않아. 정글이지. 네가 솟구쳐
바다를 탈출해도 바다의 허파와 대지의 호흡기관은
다르단다. 달라도 너무 다르지. 그리고 심해는
안전해. 여기는 강남으로 파도치는 자본주의가
아니란다. 아가야, 우리 모두는 먹는 게 다 같은
친구잖니?"

"입을 벌리면 배가 부풀어 올라요. 온몸에 바다가
가득 찬 것 같아. 그러면 엄청 뜨거워져 나는
내가 살아 있다는 걸 잊어버려요. 엄마, 바다와
숨바꼭질하다 보면 나는 내가 물고기란 사실도
믿기질 않아요. 그리고 아버지가 물어 오시는
플랑크톤만 먹고 살기는 싫어요. 점쟁이 마귀상어가
얘기해 줬는데, 전생에 나는 사람이었대요. 엄마,
나는 육지로 나가 사람이 되고 싶어요."

"아가야, 사람이란 제 아버지도 날카로운 이빨로 물어

죽이는 '피라냐' 같은 거란다. 자기가 아프기 싫어서 다른 이들에게 상처를 주는 못된 동물이지. 너 피라냐 알지? 금방이라도 날카로운 이빨을 들이대고 사나운 발자국 소리를 내며 덮쳐 오는.

 아가야, 그러나 피라냐 같은 괴물은 심해에 들어오지 못해. 따뜻한 봄날 공원에 소풍 나온 사람들의 종달새 같은 웃음을 들으며 다들 행복할 것 같지만, 그 웃음에는 무수한 상처의 조각들이 얼게 설게 긁혀 있단다.

 얘야, 너는 자라고 아빠와 나의 몸은 점점 무거워져 심해의 바닥도 이제는 버겁지만, 풍랑 치면 가라앉는 큰 배도 결국은 심해를 찾듯 우리 바다는 어둡지만 안전한 곳이야. 우리는 투명하고 푸른 물고기, 사람들은 우리를 수족관에 가둘 거야. 관상어가 되는 거지. 얘야, 그냥 여기서 지내렴."

그러나 투명거울 치어에게 심해는 마음에 파도만 일렁거리는 병든 환자의 발걸음 같은 곳,

가슴으로 당기던 세상의 향한 밧줄은 어린 치어 배럴아이를 수면에 떠오르게 했다

"꿈을 꾸다 보면 꿈은 이뤄지는 거야. 내 눈은 투명하고 나는 밝아. 캄캄한 심해의 어둠은 나를 질식시켰어. 그래 이제 바다의 문을 열고 나가 나는 사람이 될 테야."

이제 갓 치어의 비늘을 벗은 배럴아이는 천천히 일어나 육지로 걸어 나갔다.
갑갑하고 금방이라도 인수분해 될 것 같았던 몸은 가뿐했다.
햇빛을 차려입은 바람은 바닷바람처럼 짜지 않고 부드럽게 달달했다.
그러나, 몇 걸음인가 표해수층을 걷던 배럴아이는 얼마 되지 않아 어부의 그물에 갇혔다.

"고 녀석 예쁘게 생겼네. 대갈통이 투명한 게

관상용으로는 제격이겠는 걸. 먹는 물고기는 아니야. 어디서 이런 게 왔나. 재수 좋군. 손자 놈이 얼마나 좋아할까?"

사막은 넓지만 사람이 살 수는 없는 곳이다. 황량한 모래바람은 아주 천천히 사람의 몸을 말라 죽인다. 어디선가 슬피 우는 어미의 울음소리가 거친 물방울이 내는 파열음으로 들리는가 싶더니 이내 사라질 때,
사람이 되고 싶었던 배럴아이 치어는 이유도 모른 채 어항에 담아져 어부의 손자에게 넘겨지고 있었다.

"어른이 된다는 것은, 사람이 된다는 것은, 세상을 얻는 것이 아니라 세상을 살면서 얻는 온갖 상처를 치유하는 거란다."

성장이 멈춘 베럴아이의 유난히 발달한 시신경은 관상용 수족관의 눈물이 되었다.

해수면까지 따라 나와 새끼를 좇던 어미의 아가미가
파르르파르르 쉴새 없이 떨렸다.

하고 싶은 말을 삼키고 주둥이에서 맴도는 말을
삼키고 초록색 공 같은 눈에서 나오는 눈물을 연신
닦으며,
축 늘어진 어깨를 두드리며 심해로 돌아가는 어미의
슬픈 그림자가 유난히 길었다.

바람은 사랑의 미래다

1.
사랑이 사립문을 나와 담장에 기댄 바람의 옆구릴
슬쩍 건드린다

들판이 몸살을 앓기 시작한다

2.
봄꽃이 필 때마다 바람은 습관적으로
사랑에게 인사하는 예의를 잊지 않는다
바람은 무척이나 친절하다

3.
읽다 만 책갈피에 잘 익은 바람 한 닢을 접어 넣으면
내 우단羽緞 같은 사랑은 그 사이에서 언제나
포근하다

바람은 잘 배양된 부사토腐砂土다

4.

바람이 심한 날이면 나는 지상의 모든 약속을 방목할
것이다.
그리고 고요히 세월의 우듬지에 앉아 하늘의 끝에서
내려오는
별들의 연주를 들을 것이다

아, 현기증을 앓고 있구나! 내 사랑

5.
태양에 사육당한 지친 바람이 서서히 어둠을 낳고
있다
풀잎을 걷고 피어나는 아기

이 시간, 내 혼탁한 사랑은 강물의 투정에도 잠들
수가 없다

6.
지구의 끝 변방에서도 내 바람의 나이테는 지상의
나무들처럼 번식한다.
잠을 잘 자야 좋은 산모産母가 된단다, 얘야
나는 시간의 계단을 성큼 타고 올라가 잠자는 아기를
바람 속으로 던진다

마을에서 멀어질수록 대담해지는 사랑

7.
한여름에 솟아오른 침엽수의 이질적인
외로움만큼이나
사랑은 아주 오랫동안 들판을 서성이다
빈둥거리던 바람을 만나면 비로소 집을 짓는다

그사이 내 마음의 사립문이 소리 없이 닫힌다

하늘 아래 첫 동네

1. 햇살의 시위

진동하며 작렬하는 강물이 등줄기를 타고 땀방울은
이마에 맺혀 두 뺨으로 타고 오르네
햇살은 땅으로 떨어져 선사의 눈을 찌르고 청동의
가슴을 적셨다네
배달환국의 나라, 환인과 환웅이 지배하는 땅
그들은 속눈썹을 찌르고 파헤치는 태양의 섬광이
좋아 어진 백성들을 낳았다네
태양이 주는 밝음의 미학은 민족의 심성을 기르고
선명한 얼굴을 낳았네

오 햇살이여! 그대 겸손한 밝은 무리의 왕이여
여기 그대의 위엄에 머리 숙여 공손하게 스스로 빛을
내는 순박한 백성들이 알에서 깨어나니
그대의 밝음으로 어두운 곳을 비춰 하느님으로
잉태하라 억년의 흰꽃을 낳으라

부석사 무량수전도 그대의 빛남 아래서는 공손한
자세로 천년을 침묵하는데
십장十長의 으뜸인 그대가 어찌 이 땅에서 겸손하게
세상을 기르는가
그대 누리를 비춰 우리의 몸과 마음을 동여매고
구름은 비와 눈을 내려 메마른 대지에 영양을
공급하니 영롱하여라

우리 산하에 어울리는 말씀 하나,
"산은 산이요 물은 물이로다."

태곳적 우리 민족은 아리수 강물을 타고 삼라만상
질서가 일구어진 세상을 길렀네
하여 후천 짐세朕世에 봄을 몰고 온 우리는 누구인가
율려律呂가 어울어 놓은 질 높은 천인天人의 나라
마고신의 땅
음악과 세상이 교화하는 가무선심歌舞善心의 나라
산봉우리 봉우리마다 질서 있게 배열된 큰 바위

얼굴들이 서고
기기묘묘한 봉우리에 창연하게 서서 쥬신朝鮮
소나무들 사이에 태양의 얼굴을 닦는다

쥬신 소나무의 사슴 같고 학 같은 휘어진 젖가슴에서
하늘에 경배하고
거북처럼 변치 않는 푸르른 사시사철에서 우주의
노래를 부른다
하니 진시황의 불로초가 아닌 민족혼이 빚어낸
놀라운 두레의 힘으로 영원히 불사하라

동서양 모든 민족에게 살아 있는 빛을 내리나니
태양이여! 이 땅과 세계에 너의 광영을 노래하라

2. 태초의 땅

"바다는 크레파스보다 진한, 푸르고 육중한 비늘을
무겁게 뒤채면서, 숨을 쉰다."*

*최인훈 『광장』 인용

태초의 바다를 그리며

탄금대 우륵의 가야금은 멸망한 나라의 운명을
심장에 쪼이며 조선 신립의 배수진으로 곡조가 닿는다
신라 물계자의 성정性情은 쥬신朝鮮 선비들의 이상을
이르는데,
세상의 산천과 초목도 이 땅에서는 황금빛으로 흘러
아이들 해맑은 미소에 햇살은 웃음으로 화답하는 땅
태곳적 하늘이 선사한 기꺼운 흰꽃의 유배지 한반도,
처용이나 원효처럼 해탈 하려마 광기 어린 노래
부르면서 동해 바다는 여전히 비늘을 뒤채느라
바쁘면서도

진초록 색깔의 크레파스를 온몸에 칠한 채 고래처럼
껄껄껄 웃어대고
겨레의 몸속 그득한 만파식적萬波息笛은 오늘도
우렁차게 하늘 향해 고함 지른다

허한 가슴은 필연적으로 가난한 마음의 덩어리를
낳지만 태초의 우주도 투명하게 비어 있는 공空의
상태였지
보이지 않음으로서 두려움과 어둠의 무리들만이
펼치는 세계
그 속에는 근심 걱정들이 새가 부리로 쪼아낸
나무 조각처럼 다듬어진 골 근육 밖에서 휘이휘이
설쳐대었지

빅뱅Bick Bang이 오고, 태초의 소리가 우주의 심연을
헤집고 들어가 움막을 만들고 적당한 똬리를 틀 적에
암사와 홍산 땅에서는 적당한 물이 흐르고 뜨거운
유황불 우주로 타올라 비로소 기고만장氣高滿場,

흙은 기름지고 들판으론 냄새 좋은 향기가 흘렀다
그때부터이던가? 이 땅에 봄, 여름 그리고 가을과
겨울이 성수聖水처럼 내리고
천지사방 온갖 초목과 동물들이 싹틀 기운은
물풀처럼 번져났지
계절은 이내 아름답고 격정적인 몸부림으로 화음을
만들고
아, 필연적이어라 환인의 나라 대명大明의 땅 조화로운
음악과 대지 사이에서 알맞게 태어났네

순박하고 미더운 이들이 부지런하게 살던 땅 고
쥬신古朝鮮이여
부모 공경하고 부지런한 백성들이 주경야독하던 너른
마당골과 드높은 산하
이치에 순종하고 예로서 공경하고 효와 충으로
근본을 지키고 덕성으로 다스리며
염치와 의리를 아는 겸손하고 화목한 백성들이
넉넉한 땅 일구며 살던 곳

솜씨 좋은 환인과 환웅의 자손들 쑥과 마늘 먹으며
움쑥움쑥 길러낸 초목과
무구舞具와 더불어 오른 가락 소리 천지를 뒤덮던
순박한 백의민족白衣民族이 터전에 뿌리내려 세세
만년을 기름지게 살았네

색즉시공色即是空에 공즉시색空即是色이라 관념이나
유물이 아닌
보이는 것과 감추어진 것의 세계 하늘 아래 땅이
있었고
그사이에 경작이 있었나니 바로 여기 쥬신 땅에 정녕
사람이 살고 있었네

음주가무音酒歌舞 즐기며 손바닥에 신명神銘을 새기던
착한 이들의 고운 나라

3. 천상의 나라

'아침에 도를 깨우치면 저녁에 죽어도 좋은 일'

모질고도 질긴 시대 매운 한풍寒風과 거친 말발굽도
모두 이겨낸 질박한 사람들
거기 그 하늘 아래에는 청정한 흰 빛의 도포와 갓을
두르고
천부인天符印을 수계한 무당의 자손들이 번창했더니
널리 인간 세상을 이롭게 한 아사달 왕검은 홀로
기뻤다

조선 중기 '북애자'는 『규원사화』에서 말했네

'힘으로 사람을 다스리려는 자는 그 힘이 다하면
배반당하는 것이 불문가지이고 재물로 사람을
부리려고 하는 자는 그 재물이 없어지면 사람들이 더
나게 마련이다. 힘이나 재물이 내 주위에 있을 까닭도

없을 뿐 아니라 애초에 구하려는 노력도 않았다. 명예 또한 없으니 무엇을 바라리오. 그저 후세에 이 글을 읽어주는 자가 있다면 내 넋이라도 기뻐할 것뿐임을.'

산고수려山高水麗하고 조일선명朝溢鮮明 했던 이 나라
춤사위만으로도 튼실하게 가꾸던 아름다운 산하,
선사와 역사가 이 땅 한줄기 풀잎에 영원한 이상을
새겨 넣었네

아침에 부모께 문안드리며 효와 예를 행하면 그것이
바로 도道일지니
저녁이면 피곤한 몸 누일 초막과 고단한 의식의
지평을 부여잡는 혼곤의 세계에서도
천부의 경전을 암송하였던 순정한 백성들이 사는
태초 이 하늘 아래 지천에는 맑고 고운 백성이 하얀
천으로 일어나 꽃으로 피었네

동해처럼 큰 바다 위를 부유하는 고래잡이 포경선이

되고 싶었던 바램들
비록 북한강 작은 거룻배 한 척으로 만족한 삶이지만
힘차게 노 젓던 작은 작대기 둘과 큰 작대기 하나가
하늘과 땅, 물과 불, 산과 바람을 겪고 우레 내려
연못에 닿으니 그것이 곧 팔괘라
한 개의 괘에 하늘과 땅과 사람이라는 효를 가져다
대면 예순하고도 네 개의 괘라
양陽과 음陰으로 이뤄진 효가 삼백여든네 개라 흐르고
흐르면
각각 나름의 의미와 이름을 가진 삼라만상森羅萬象,
일월성신의 조화가 호흡하는
이름하여 '주역周易'이 된다는 동이족 복희씨의 논리와
공맹 노장의 나라의 정신세계는
우리 땅 쥬신朝鮮에서 비롯된 것이 비로소 참
얼굴이니
'동북공정'이란 건 대륙해양국가 '조선'에 기생하는
오랑캐의 넋두리일 뿐이네

동해보다 더 큰 고래를 잡고 싶어 포경선에 작살을 채웠던 우리
고향은 어디이며 정신 그리고 우리 천상의 나라는
오늘도 숨 쉬는 하늘과 태양이려니
거룩한 얼굴 한반도에 빛이 내린다,
내리쬐는 강렬한 햇살이 즐거운 땅, 구라파나
중화의 땅이 아닌 마고의 성 아래 활짝 핀 제정일치
군제君祭의 나라
음주가무 즐기며 태평가에 목을 놓던 순박한 사람들 발 아래로
묵은 감자 같고 술잔같이 투명하고 어머니
젓무덤처럼 포근한 아침의 햇살은 떠오른다

드디어 우리네 정수리 위 황금빛 태양은 물가에
이르러 거룩한 말씀 하나를 토하나니,

"조선상고사 천부경 규원사화 환단고기 삼성기가
빚어낸 무한 역사 속에 우주가 하나로 살아 숨 쉬는

아름답고 신비한 만 년의 나라, 산고수려山高秀麗하고 조일선명朝日鮮明한 '대 쥬신韓國'은 영원히 살아 있다."

선운사禪雲寺

이른 봄도 아니고 늦은 가을도 아닌데
저놈의 저 쪽동백이 가히 수상하구나

은근히 더운 바람에 지율스님 때리는 종소리도 녹아
요사 앞마당까지 지천으로 햇살 가부좌 트는데,

이제는 돌아와 거울 앞에 앉아야 할
내 그리운 누이들은 다들 어디 갔나?

염불보다 잿밥이 더 땡중 피를 끓게 하는
진리의 선운사에 여름 제대로 들었다.

그렇다고 인간이 천만번을 헤아린들
이곳 산사의 물노래나 들을 수 있으려나?

그대의 맑은 가난이 행여 성성하다면 모를까,
세간에 벗어 둔 시름 화두 되는데
절간이라고 행여 네 혼탁하고 때 절은 영혼이

면벽수도 고승 귀에 붙을까 기댈랑, 언감생심 꿈도 꾸지 마라

절간 입구 찻집을 무시하고 마당에 녹슨 바람 여럿 드누나

이런, 이런, 저걸 어쩌나?
그 바람 따라 땀띠 나는 중생들도 실려 오나니,

절간 마당에 법화경 구르는 소리 또 한 번 가득 차겠구나!

촛불
가스통 바슐라르의 불꽃

전등불을 끈다
불빛을 거둬 어둠과 교우하며
마음의 평화를 얻는다

촛불을 켠다
하늘을 향해 고요히 타오르는
구도자의 혼

고요한 자연의 질서가
성스러운 불꽃의 질량 앞에
엄숙히 고개 숙인다

불꽃은 꿈꾸는 자의 분수
양초는 제 몸 불살라
꿈꾸는 자의 길을 밝힌다

수줍게 타오르는 침묵의 언어

촛불의 세계는 고독의 동반자
몽상은
불꽃이 선사하는 형이상학이다

저녁노을 아래에서
촛불은 서서히 잠이 들지만
불꽃이 식을 때 세상에 우주가 열리고
부처의 손바닥 같은 대지에
분수 같은 꿈도 지천으로 영근다

생生의 몽상을 밝히는 부레옥잠

비천飛天

예불 종 치시러 나온 젊은 스님
타종은 않으시고 무슨 생각에 저리 골똘할까
물끄러미 산기슭만 바라본다.

거기, 종소리 울리면
신라 범종 천년의 음통 사이를 유유자적하는 바람 따라
비천문양飛天紋樣은 한 번쯤 자유롭고 싶은데
어쩌자고 스님은 종루에 앉아 적막강산 산만
바라보고 계시는지

비천상은 상대上帶에 계신 용문龍紋께 넌지시 재촉해
보지만
눈 감은 용문은 말이 없고
부처처럼 뿌리 웅숭깊은 침묵이 오래도록 흐른다

때마침 청아한 꾀꼬리 울음 울자 깨달음의 눈을 열고
비로소 마음 비비고 일어나 합장하는 스님

행여 야속했던 맘 들킬까 폐렴 환자처럼 기침하던
비천문양
아득한 타종 소리에 봉황 되어 하늘로 오른다

부석사

부석사 무량수전에 텅 빈 머리를 내려놓는다
오랫동안 내 몸의 일부로 무거웠던 머리는
몸에서 분리 되는 순간 너무나도 가벼운 깃털처럼
날아
무량수전, 배흘림기둥 앞에 머리 풀고 합장合掌 한다
그 모습에 바람도 멎고 하늘도 숨을 죽인다

머리가 보이질 않는다. 주심포 팔작지붕 안에서
어느새 백팔 배를 마치고 나온 녀석은 전각을 지키는
'부석浮石' 위에 앉아서 나를 기다리고 있다
보살처럼 가부좌하고 번뇌를 쫓는 머리
나는 조용히 다가가 녀석을 내 모가지 위에 꽂는다

거세된 바람의 잔해가 쓸쓸하게 돌아 나오는 불전佛殿
색 바랜 단청에 세월의 무상함을 탓하는
재채기 심한 내 소진된 일상을 위무하는
울창한 소나무들의 환장 나는 축제의 물결
어린아이 볼살 같은 산사에 저물어가는 여름 햇살이

거칠다

왜구를 막자 국운을 융성시키자 구국의 주춧돌이 되자
문무와 의상의 꿈은 신라의 꿈만이 아닌 겨레의
바람이었어야 했으리라
태백과 소백이 어깨를 나눠 짊어진 나라의 운명
화엄은 장엄한 뜻으로 살아 봉황산 중턱에 도량
펼쳤다
수많은 국보國寶를 움켜쥔 조상의 손과 발
부석浮石은 말없이 무량수전을 호위하며 부드럽게 떠
있다

물안개처럼 혹은 물비늘처럼 도처에 깔린 산의
물결들
그 강물이 귀한 절 안으로 밀려온다
결핍 없는 산사에 따순 고봉밥 같은 어둠이 내린다
조심조심 어린 제갈량 닭 모이 주듯 절 안내판에 넋을
놓다

문득 바라본 심검당 아래 신축 요사寮舍,
현대식 건축미에서 보이는 자본의 냄새
금지옥엽에게도 매를 들어야 할 때는 있는 법이다

약수 한 모금에 생의 욕망을 잠재우며 천왕문을
나선다

고사목

비어 있다는 것은 채울 수 있으니 맛이 있다
채워져 있는 것은 비울 수 있으니 즐거움이 있다

산에 사는 고사목은 비움도 채움도 다 가지고 있다
산에 사는 고사목은 비워져 있지도 채워져 있지도 않다

제 자리에 서서 말없이 햇살과 바람, 비와 눈을 본다
뿌리의 영양 없이도 굳건히 서서 웃고 있을 뿐이다
햇빛이 선사하는 엽록소가 없어도 푸른 미소를 지을
줄 아는 것뿐이다

우리 모두는 한 그루의 고사목이다

채워지면 바로 비울 줄 알고
비워져 있으면 쓰러지지 않을 만큼만 채워 넣는
씩씩하고 용감한 한 그루의 고사목이다

빈손

빈손은 아닌 줄 알았다
가지런한 흥분은 남아 있었으니까

세상에 부르짖을 말은 이마에서 반짝거렸지만,
초승달은 외면한 채 돌아섰고
뱉은 말은 땅 위에 누워 있었다

가쁜 숨 몰아쉬며 겨우 진정한 흥분
예의를 버린 바람은 허리를 때렸고
그 바람에 나는 그대로
뱉은 말 위에 주저앉고 말았다

흥분은 너그럽게 세상에 남았지만
나의 손은 여전히 비어있었다

총구의 집

어느 날 바람이 우는 소리에 감은 눈을 떴습니다.
주위는 온종일 내리던 비의 잔해만 흩날리고 있던
밤이었지요. 먹장구름으로 가득 찬 공기가 대지를
무겁게 누르고 있었습니다. 저잣거리의 상점들은
문을 닫고 있는데 간판이 나를 향해 다가오기도
했습니다. 나는 그 속에서 내가 왕이었던 한때를
버려야 했습니다. 저만치서 다가오는 물안개에
바람이 잠시 울음을 멈추고 상점의 간판들을 달래는
소리도 들렸습니다.

어둠이 잘 소재 된 게쉬타포의 총구처럼 나를
겨누고 있었습니다. 없는 것이 너무 많은 나는 그
총구 안에 총알 같은 집을 지었습니다. 별들이
쏟아질 정도의 빛은 아니었으나 한 무리의 별들이
내려와 비의 잔해를 주워서 지은 내 총구의 집을
지켜주기도 했습니다. 그 사이 여름의 습진을 뚫고
숲속 대나무밭에서는 외투를 벗어 던진 가을 동이가
쭈뼛쭈뼛 서성거리기도 했습니다.

때로 나는 오이디푸스 같은 모험의 강에 갇혀
울고 있었습니다. 여기가 어딘지 내가 살아 있는
것인지조차 모르는데 사람들은 나를 보러 자주
왔습니다. 어둠 밖으로는 거베라꽃들이 겨우살이들과
노니는 모습도 보였습니다. 고무나무 같은 사랑을
전해주는 사람은 없는데 모험의 강물은 여전히
흘렀습니다. 때때로 내가 왕이었던 날의 순결
같은 기억이 몰려오곤 했습니다. 아마 먹장구름이
내리누르고 있는 나의 창이 버겁기 때문이었겠지요.

이 세상에는 아등바등 매달려서 살려는 것들이 참
많았습니다. 나 또한 썩은 동아줄이라도 부여잡고
안간힘으로 버티던 때의 힘줄을 기억합니다. 백 층
사이를 이은 외줄을 걷는 남자처럼 허공의 공기를
잡으려 뒤채던 구겨진 바지 같이 헐겁던 시간들. 한때
왕이었던 사내의 허리를 대려 주며 햇살이 내 휜
등뼈를 펴주고 갑니다. 순간 울던 바람이 무슨 일이

있었냐는 듯 순교의 음모를 보내고 물안개가 다정히 다가와 내 총구의 집을 도색 합니다.

빨래 2

빨래를 말리는 건 햇빛이 아니다.

햇볕이 소리 없이 건조대를 움켜쥘 때
바람은 비명보다 거친 손동작으로 젖은 솜털에
영양을 넣는다.

어느 날은 가볍게,
어느 날은 무겁게,
젖은 빨래의 체온을 재는 햇살과 바람의 리드미컬한
공존

빨래를 널며 하늘에 인사하고
빨래를 걷으며 바람에 경배한다.

빨랫감의 힘줄 속에 채워 있는 삶의 물기가
건조대를 움켜쥔 햇살의 농담에 기지개를 켠다.

오늘도 인생은 빨래의 오체투지에

먼지 가득한 생애의 마침표를 찍는다.

한마디로 여름을 너무 쉽게 생각하는 거지

3부
이른 여름을 이해하는 법

홀로 가는 길

다시 돌아올 길은 아니야
여기는 홀로 가는 길
한 굽이 두 굽이 깊은 산골
고사리 산나물 베어 물고
이슬을 목을 축이며
동굴 속에서 잠을 청해 볼까
눈이 쌓인 산정은
소리마저 하얗게 물들고
새벽달 휘영청 뜨려 한다
비록 돌아올 길은 아니지만
어찌 수풀 속으로 몸을 감추랴
세상은 어스름달 안으며
홀로 걸어가는 길
안개 속에서 노래하며
청산을 그리고 가는 그윽한 길

둘레길에 핀 겨울

1.
추억은 가장 낮은 곳에서 꿈보다 아름다운 추억을
생애 곳곳에 남긴다. 오래전부터 꾸준히 누군가를
연모하는 사람이라면 더욱 그렇다.

혹, 그런 생각에 지쳐 마음이 돌아누워도 추억으로
가는 시간은 많지 않다. 추억이 남긴 시간은 그대에게
가는 시간이기 때문이다.

2.
참나무 둥지에 웅크려 울고 있는 딱새 한 마리,
아무도 보지 않을 거라 생각해선지 나뭇잎을 거칠게
흔들어 깨우며 자연을 깨우고 있다.

딱새 우는 자리에서 곱게 익던 생각의 단풍은
속절없이 부서져 시나브로 떨어졌고, 미처 해석하지
못한 가을이 남긴 이별의 말도 겨울 속으로 깔렸다.

그사이 밤새 참나무와 씨름하던 바람의 질투는 딱새 우는 소리에 놀라 동토凍土로 훈련차 떠나며 핑곗김에 겨울과 신방을 차리고 말았다.

3.
아마 그때쯤이었을 것이다. 추억의 댓돌을 차고 나간 슬픔이 강어귀에 핀 섬비늘과 만나 가슴을 앓던 시기가 말이다.

그사이 왠지 모를 그리움에 시름시름 앓던 햇살은 침실을 정리하여 동토로 떠난 바람을 피해 남지나 해로 이민을 가버렸는지 사위가 어둡다.

4.
어느 날 참나무의 인내가 얄미워 나무의 얼굴을 할퀴고 떠난 잎새가 저울로는 잴 수 없는 생의 무게를 달고 나타났을 때, 흔들려야만 했던 계절의 진실은 불투명한 셀로판지가 되고 말았지만,

그럼에도 불구하고 은빛 밝은 미소로 다가온 겨울은
겨울이라서 더욱더 아름다워야 하는 숙명을 잘 알고
있었다.

그런 이유가 맞는다고 생각했는지 겨울은 종내 이민
간 햇살과 바람의 질투를 견뎌내고 우리 곁에 머물며
생의 인정을 배웠다.

5.
"겨울의 속정은 사실 따듯하고 깊은 거야!"

그렇게 곱씹으며 시간의 평화와 대화하며 걷는
둘레길에 이슬 같은 사랑이 부슬부슬 내렸다.

별빛 경관警官

나의 속살을 거칠게 더듬은
차갑고 끈적한 겨울바람을
누가
참솔나무 숲속 깊이
묶어 놓았지?

별빛 너니?

저녁이 지나도록
푹신한 구름 품에서
자고 있더니
언제 내려와 까탈스러운
녀석을 체포했다니?

멋졌어, 별빛 경관警官

저 고분고분해진 바람 좀 봐?
어느새 온순한 입김 불어내고 있잖아

바람의 심술을 차분히 달래며
그늘진 시간, 자연의 지혜를 데우는
천상의 마에스트로

별빛 경관!

가을이 온다

하늘이 구름의 쌍꺼풀을 파랗게 색칠해 준다

이런 날 동구 밖 마을 언덕에 올라서면
들판에 코 박고 연주하는 새떼와 같이
갈잎의 노래 들으려 발길 재촉하는
바람의 꼬리도 만질 수 있을 것 같다

들판을 넘실대는 섭지천에는 북반구에서 날아온
기러기떼
터줏대감인 가마우지에게 어설픈 인사를 하다
탈곡기가 논바닥에 쟁여놓은 조생종 볏단으로 몰려가
실핏줄 오르는 가을을 얄밉게 쪼아댄다

마을을 감싸는 산그리메와 속삭이던 바람 내려와
계곡에서 아이들과 물장난 즐기는 사이,
뭉게구름은 파란 색조 화장을 마치고 무대에 서서
음질 좋은 소프라노 톤으로 풍년을 노래한다

문득 잊고 살던 감성의 멜로디가 일어나
얼룩소 워낭 소리에 맞춰 춤을 추는 시간,
고향의 가을은 떨리는 속눈썹을 애무하며
농도 짙은 사랑의 풍경風景으로 다가와 안긴다

코스모스 허리를 더듬으며 바람은 졸고
저 홀로 수채화 놀이 즐겁던 구름은 손 뻗어
한층 높아진 하늘의 문을 정성스레 두드린다

바람이 날숨을 쉬고 코스모스 하늘거리는 사이,
가을이 온다.

태풍이 지나는 자리

1.
처음에 열대 과일 카눈의 향기는 태국 치앙마이의 아름다운 산을 닮은 미인이었다.
그 태풍이 치앙마이의 해변으로 밀려왔다가 포말로 부서지며 흰 거품을 남길 때,

폭염에 젖은 바다는 마지막 비명을 목젖으로 삼키며 방파제와의 열애 흔적을 감추고 폭우로 변신했다.

2.
치앙마이로 돌아가야 하는 숙명의 길을 찾지 못한 것인가? 치앙마이의 폭우가 좌충우돌하며 지나는 길목에 수많은 상처가 생긴다.

그렇게 태풍이 할퀴고 간 자리마다 생명을 다하고 쉬러 온 파고의 잔해들이 마치 성난 포세이돈처럼 추태를 남긴다.

3.
마시던 커피를 태풍의 눈에 뿌려주며 실례를 범한다.
해변의 거친 팔뚝에 온몸을 부딪치며 살아 날아온
녀석에게 조금 미안했던가?

어쩌면 인간의 욕망을 심판하는 자연의 위력 앞에
한낱 인간의 저항 따위는 부질없는 짓이지만 약간의
반항기는 덤이다.

지상에 상륙하면 열대기단이 약화 된 폭풍우는,
그럼에도 불구하고 시치미 뚝 떼고 기세 좋게
대륙해양국가인 한반도의 몸통을 가격한다.

방파제를 훌쩍 뛰어넘어 온 영토에 강편치를 날리고
잘디잔 포말을 걷어내며 대륙으로 달아나는 카눈의
성질을 다스릴 이는 포세이돈의 자비慈悲 뿐이다.

4.
목 넘김이 좋은 맥주의 품격을 폭풍우의 눈이
작아지는 소리를 들으며 넘긴다. 카눈은 어느새
대륙의 초입에 자리한 동북공정의 시커먼 속내를
파고들며 윤동주의 생가를 활짝 연다.

침몰하지 않으려 저항하던 약소국가의 몸부림을 밟던
대륙 나라에, 꿈틀거리는 지렁이로 우뚝 서는 태풍이
되었으면 좋겠다는 생각을 한다.

5.
내가 뿌린 맥주 방울 위로 태풍이 더욱 가열 찬
빗줄기를 퍼붓는다. 순간 정체해 있던 생각 하나가
스쳐 지나며 무능한 머리를 두드려 대며 시위를 한다.

떨어지는 빗방울 사이로 태풍의 펀치를 닮은
종주먹이 욕설처럼 배설된다. 당연한 일이다. 자연의
지혜를 정확하게 탐독하는 기상통보관은 없다.

6.
바다의 새하얀 희망의 생명줄인 등대마저 수장시키고
육지로 도망쳐 온 버릇없는 녀석을 가만두는 것은
인간의 도리가 아니다.

그러나 우리가 한 가지 모르는 사실이 있다. 등대는
이미 바다와 몸피를 나눈 사이라 어쩌면 폭풍우의
추태도 감싸 안을 수 있는 자비가 있을 거라는 진실을
말이다.

카눈이 아직도 바다를 그리하는 것인지, 자신이
떠나온 치앙마이의 풍경에 목말랐던 것인지 전혀 알
길은 없다.

그저 매기나 수달, 람마순이나 한남로의 경우처럼
영구 폐기되는 태풍으로 남지는 않고 싶은 녀석이
할퀴고 간 상흔이 가려울 뿐이다.

7.
내가 태국의 치앙마이에서 정녕 보고 싶었던
속살이 성전환한 미인이 많은 지역의 이색풍경이
아니었듯이,

새벽에 깨어 바라본 태풍의 폭우에게서 영원한
생명을 희구하는 사람들의 욕정을 읽는 것도
아니었다.

어쩌면 어제의 폭풍우가 오늘의 바다와 만나
내일의 희망 문으로 들어가는 풍경을 보는 일을
기대했는지도 모른다.

왜냐하면, 자연이 전해주는 목소리가 항상 고맙거나
즐거운 상상만이 아니라는 사실을 새삼 알게 되는
일은 고통스럽지만, 내면에 새기고 가야 할 진실이기
때문이다.

8.
다시 쏟아지는 빗줄기에 눈을 던진다. 문득, 빗줄기
속에서 환선동굴이나 천곡동굴의 종유석과 펜던트
사이를 자유롭게 유영하는 황금박쥐를 떠올린 것은
다소 편하긴 어려웠던 기억 때문이었던가?

사선斜線을 긋고 침투해 들어오는 비의 잔해를
차단하는 창문을 세차게 두드리는 녀석의 손가락이
유난히 두텁다. 그 손가락이 생경하기보다는
아이러니하게도 정겹다.

태풍이 정녕 두렵고 괴로운 위력으로만 남는 것인가?
아니면 낡은 것을 폐기하고 혁신을 견인하는
동력원이 되기도 하는 것인가? 창을 열고 녀석의
두터운 손가락을 감싸며 의미 없는 질문을 폭우 속에
묻는다.

생명의 환희

1.
인적이 드문 도시의 변두리에는 하수관에서 흘러나온 비윤리가 눈을 뒤집고 누워 있다. 밤새 쏟아진 검붉은 물줄기는 어둠을 뚫고 나와 도시의 외곽에서 충혈된 치아를 번득이고 있다. 척추가 심하게 굽은 하수관의 물은 하루의 욕망이 배설한 분비물을 즐기듯 삼키고 있다.

2.
하늘을 보면, 종알거리며 수다 떠는 별들이 삼삼오오 모여 총기 발랄한 빛들을 세상에 흘리고 있다. 같은 시간, 대지 위에서는 환각 상태에 목마른 물질의 언어가, 생존의 너튜브를 질풍노도의 시간을 간신히 견디는 도시의 골목으로 던지고 있다.

이런 밤이면 촌각의 시간도, 마치 오래된 레코드판이 바늘이 튀어나가며 깨어지듯 사라져 버릴 것이다.

3.
그 사이, 기성세대가 만든 정직하지 못한 시간과
전투하던 젊음의 다이나믹한 시간도 늘어져만 가는
도시의 그늘로 인해 지쳐가고, 그들의 움켜쥔 주먹
사이로 생성된 탄탄한 저항의 의지는, 유연하지 못한
도시의 침묵으로 인해 근섬유의 분해가 이뤄지고
있다.

4.
이제는 제법 도시의 침묵에 익숙해진 사람들은
일석점호를 받는 군인처럼 앞으로 한발짝 나서
관등성명을 대며 눈알을 굴리고, '희망'이라는 생경한
바늘을 새로 갈아 끼운 전축의 레코드판은 웬일인지
멈추거나 튀지 않고 정상적으로 돌아가고 있다.

5.
그러나 여전히 어둠의 파토스Pathos라는 인자를 가진
도시의 날들은, 그럼에도 불구하고 전혀 신비롭거나

찬란하지 않았다. 그것은 하루의 마음을 여는
신의 심성 속에 들어 있는 생명에 대한 사랑은
알아내기에는 인간의 어리석은 욕망이 너무 강하기
때문이다.

6.
그렇다 해도 태양을 뜨고 새날은 다시 온다. 더불어
내일의 해가 뜨거운 계절의 윤곽을 알려주기도 한다.
그렇듯 풀피리처럼 경쾌하게 울려줄 사이렌이 언제나
준비되어 있는 도시의 함성은 언제나 우렁차고
경쾌하다.

7.
같은 시간 도시의 마천루에 걸려있던 '이상理想의
날개'에선, 꿈꾸는 생명들이 연출한 '내일의 출정가'가
특급열차의 경적처럼 넘실거리고, 새롭게 생동하는
도시를 빛내주는 형이상학의 이성Logos에 존재의
아름다운 그리움이 입혀진다.

그동안 우리가 잊고 살던 생명의 벅찬 환희가
무대복을 갈아입고 공작새처럼 유연한 춤을 추고
있다.

태양이 웃는 이유

여름 철새 삼총사 노닐다 간 참나무 그득한 잎새
사이로
쫄깃 두툼한 살결 슬쩍 디미는 햇살 무척 귀여워요

혹시라도 널따란 참나무 잎새에 손 걸려 아플까
주무기인 광선총 쏘지 못하고 망설이는 햇살 모녀
선한 눈매에 떨어지는 파랑새 똥 너무너무 민망해요

그사이 눈부시게 파란 내 얼굴 욕심껏 보라고
꾀꼬리 눈 쿡 밟고 뻐꾸기 코 싹 베고
참나무 잎새에 앉아 살기등등한 파랑새

"아휴, 무서워라!"

햇살 모녀 두려워 참나무 잎새 뚫고 내려오지 못할까
좌불안석 마른 땅은 오늘도 목마른 피부 거칠지만,

하늘 작사 대지 작곡 햇살 모녀 편곡에

마에스트로 참나무 풀잎 오케스트라 신나는 연주 가락
철새 삼총사 대합창 소리에 여름은 언제나 신나고
즐거워요

이 계절 마음 넉넉한 태양이 흐뭇하게 웃는 이유!

낯선 마을에서

1.
힘들거든 굳이 오려고 하지 말고 바쁘지 않으면
서둘러 가려 애쓸 일도 아니야. 빛이 밝으면 어둠은
더욱 깊게 스며드는 법이니까.

2.
언제나 바람은 바람으로만 남아야 해. 나무는 나무로
남고, 풀은 물론 풀로 살아 세상의 아름다움을 여는
가슴으로 남아야 하는 거지.

3.
차분하게 심호흡하고 세상을 바라보면 경계의 문은
의외로 쉽게 열려. 그러니 설령 헤어져 있다고
할지라도 서로를 간절하게 생각한다면 절대 늦지
않고 기다릴 수 있지.

4.
지구상 어느 동네의 해는 마치 내일에는 뜨지 않을

것처럼 붉은 혀를 늘어뜨린 채 겨울로 지곤 한대.
해가 다신 뜨지 않으니 계절의 순환 작용이 서둘러
이민을 간 거지.

그런 곳에서 상처 난 사람들의 마음을 만져주다 보면,
혹 겨울에 머문 내 마음도 쉽게 채울 수 있는 봄을
만날 수 있지 않을까? 아프리카로 떠났던 계절이라는
시간도 그때면 돌아올 거야.

5.
우리가 살아가는 동안 우리를 지켜줄 영원한 빛의
냄새를 맡을 수 있을까? 어떤 음식이든 따뜻한
국물이 있으면 우린 맛있게 먹을 수 있어. 그런
음식에서는 빛을 닮은 온기가 흐르니까.

6.
아무리 다림질해도 구김살이 있는 마음은 잘
다려지지 않아. 그럴 때는 굳이 펴려고 애쓰지 마.

다리미에 펴지지 않는 구김살 진 마음은 또 그대로
펴지지 않는 이유가 있을 테니까.

생명을 지키고 있는 마음의 세계를 감히 이해하려
들다간 다쳐. 다가가면 다가갈수록 열리는 치유의
거울, 마음은 두려운 거야.

7.
스스로 만든 인생을 지우려 애쓰지 마. 하늘의
엉덩이를 만져 본 인생도, 드릴 만점 스펙터클 했던
인생도, 굴곡으로 얼룩진 슬픈 인생도, 고급스럽고
폼나는 멋진 인생도 다 내가 만든 거니까.

사는 것이 본래 외로운 것인데 애써 부정하는 것처럼,
스스로 만든 인생을 송두리째 패대기치면 되겠어?
가녀린 인생의 빈약한 허상에 눈물 가득 고이게 되는
게 부담스럽잖아.

8.
나부끼기가 어려운 바람은 이 마을에 오면 안 될 것 같아. 삭풍이든 훈풍이든 하늬바람이든 소슬바람이나 명지바람이나 바람은 불어야 여전히 바람일 수 있는 거거든.

겨울을 앓고 있는 마음이 위안받을 수 있는 건, 따뜻한 바람이 불어올 거라는 기대가 있기 때문이라는 걸 정말 몰라?

9.
구름이 몸을 숨긴 자리에 하늘 대신 바람이 보금자리를 만드네? 이제 이 낯선 마을에도 희망의 빛이 곧 내려올 거야. 그러니까 힘들더라도 너도 이리로 달려와 어서.

이른 여름을 이해하는 법

이제는 여름을 빨리 맞이하는 법도 배워야 해.

파도가 순산을 위해 허리를 틀면
자칫 여름의 분 냄새를 맡지 못할 수도 있거든

여름은 호락호락 제 속살을 드러내지 않아
우리가 보는 건 두 눈을 속이는 암호
나 스스로에 건 최면 같은 거야
한마디로 여름을 너무 쉽게 생각하는 거지

파도가 철썩 방파제를 때리면
저 녀석이 나에게 홀려 몸을 비트는 거라 생각하는
게야

아주 가소롭고 유치한 발상이지
이것 봐 그런 거 절대 아니거든?

파란 하늘 보며 모래사장에 서서

바다의 가슴 속 깊이 물수제비를 날려봤자 돌아오는 건

이글거리는 햇살의 근육질과 밀회하던 파도가
비명 지르며 거친 숨을 토해내느라 파헤친
방파제의 상처를 확인하는 일뿐이지
물수제비에 담아 던진 꿈의 당첨 복권은 아니야

하여튼 이제는 여름이 가을 대신 겨울을
더 흠모한다는 것도 충분히 알아야 해

옷을 벗는 계절은 사람을 닮아 매력적인 카드는 아냐
차라리 헐벗고 외로운 겨울이
이른 여름을 흉내 낸다고 할 수 있지

여름을 일찍 이해하는 방법을 배우려 해
그것이 새로운 지구에 적응하는 유일한 방법

이런 말을 할 수 있는 사람이 우리에게는 필요한 거야.

4부
그리움이 온다

그리움이 온다

1.
만약에 가객歌客 김광석이 살아 오늘도 우리 앞에서
노래를 부른다면, 그와 그의 노래는 지금처럼 사랑을
받지는 못할 거야.

2.
내가 알고 있는 사랑 이야기 하나 할까? 바라만
보아도 그냥 좋은 그런 바보 같은 사람들 얘기
말이야.

옛날 옛적 윗말과 아랫말 사이, 설피마을이라
불리던 곳과 숨골이라 불리던 어느 마을에서 사랑은
일어났지

일어난 거야! 벌어진 일이 아니고 그냥 저절로 사랑
스스로 일어선 거지. 사랑은 일어나거나 일어서는
것이거든!

그런 얘기지! 숨골에 살고 있던 영필이가 설피마을에
살던 분순이를 만나서 일어날 수도 있었다는 뭐 사랑
비슷한 그 얘기는 생각해 보면 슬픈 거야.

3.
마리 앙투와네트가 빵 대신 먹으라고 한 브리오슈는
사실 프랑스에서는 유명한 고급 디저트였어!
귀족들이 즐겨 먹으며 깔깔대던 그 먹거리인
브리오슈 때문에 그녀는 단두대의 이슬로 사라진
거지! 뭐! 인생은 그런 거니까.

4.
말하자면 섬은 이런 거야. 기억을 더듬거나 하지
않아도 그냥 눈앞에 있는 거지. 사랑이 가슴 시리는
거라면 섬은 가슴 저미는 거야.

목섬에 바람이 불면 시원한 가운데 느끼는 것은 삶은
여전히 아름답다는 거야. 갈 때는 힘들어도 가보면

즐겁고 보람된 곳, 그곳을 우리는 유명 관광지라고
부르잖아?

사는 데 있어서 우리가 행복한 느낌이라고 할 수
있는 것은 당장의 풍족한 물질도, 내일에 대한 과도한
기대도 아니거든. 행복은 질량으로 매길 성질의 것이
아니니까.
오히려 그건 내가 즐겨 부르는 18번 노래 같은 거야.
그 노래를 부르겠다는 생각만으로도 이미 행복의
도파민은 대뇌를 가득 채우고도 남거든!

자월도는 그런 곳이야. 행복의 도파민이 물질이나
정신이 아닌 또 다른 이상의 세계를 향해 크게
소리치는 곳, 자월도는 둥둥 떠 있는 섬이 아니라
시간과 공간을 유영하는 철학이야.

5.
이런 말을 할 수 있는 사람이 우리에게는 필요한

거야.

이런 사람을 도대체 이 세상 어디에서 찾겠니?
현실에서 너무 늦게 만나서 만나기 전에 서로 가지고
있는 상황을 인정하는 제한된 사랑을 할 수밖에 없는
것이 못내 아쉬울 뿐인 그런 사람 말이야. 아마 찾기
어려울걸.

6.
오늘도 태양은 어김없이 뜨고, 달은 휘영청 저리도
밝아. 세상의 고마운 마음도 모르고 사는 이의 부재한
철학은 필요 없는 공간을 연출하지.

오늘 하루도 햇살이 반갑게 비춰주고 오가는
사람들의 모습 화사하니 어찌 살만하다 하지 않을 수
있어?

어제도, 오늘도! 내일도, 하루는 같고 사람도 같으니

나 또한 다르지 않아야 해. 너와 나는 다르지 않거든.

7.
만약에 가객 김광석이 살아 오늘도 우리 앞에서
노래를 부른다면 나는 여전히 그의 노래를 들은 후
열렬히 박수를 칠 거야.

우리! 사랑·할까요?

1.
먼저 누구를 사랑해야 하죠? 바로 나 자신이라고
말해야 하지 않을까요?

2.
시간이 운행을 정지하면, 무릇 푸르던 잎사귀도
호흡을 멈춘 채 자신의 혼을 떨쳐 내려야 하고,
세상의 온기를 쬐고 살던 날벌레들의 운행도 멈춰야
할 때가 도래하지요.

3.
또 누구를 사랑해야 하죠? 세상의 모든 생명이
아닐까요?

4.
높은 학문적 성취와 고매한 품성으로 숭고한
덕성을 쌓고, 가난 속에서도 사람의 길道을 가려
한 안연顔淵의 실천적 즐거움을 내가 흉내 내려

하였던가요?

성인 공자의 표현대로 '댓고리 박 하나, 표주박으로
뜬 물 한 모금을 마시며 누추한 거리에서 불편하게
살면서도, 힘들어하기는커녕 도를 지키며 생의
즐거움을 최대한 누린' 그런 현자賢者의 그윽한 삶을
감히?

어쩜 좋아요. 참으로 부끄러운 일인 것을.

5.
어떻게 사랑해야 하죠? 내면에서 우러나는
지극함으로 해야 하지 않을까요.

6.
무릇 모든 중생은 부처의 씨앗을 가지고 있다고
하지요? 이 말은 곧 자신의 마음 안의 씨앗을
자각하고 사는 사람은 부처로 살아갈 수 있다는 말일

거예요. 물론, 나를 포함하여 자각하고 살지 못하는 대부분 사람은, 당연히 평생을 중생으로 살아가게 되겠지만요.

7.
사랑하면 도대체 뭐가 되죠? 글쎄요. 내가 살아가는 이유를 조금이나마 알게 되지 않을까요?

깨달음을 얻으신 후 환해지는 낯빛에 기뻐하시던 부처님의 그 해맑은 마음처럼!

바다가 사랑인가요?

등딱지와 집게발이 비슷하다고 해서 '가재와 게'가 무조건 자기의 편은 아니에요. 편 가르기를 좋아하지 않는지라 내 편도 많지는 않지만요.

강화 석모도 해명산과 교동을 돌아 갯벌 아무 곳에 질펀하게 앉아 한 바다낚시에서, 잡은 건 달랑 두툼한 속살을 가진 방게(박하지) 딱 한 마리뿐이었지요. 사실 그것으로도 충분했어요.

녀석의 속살은 상큼해 보였는데, 자세히 보니 하얀 뱃살이 수줍음을 타더라고요. 그러더니 이내 음탕한 내 눈을 알아보고는, 바람의 손 빌어 냅따 내 얼굴을 할퀴더군요. 무지하게 아팠어요.

그리고 뜨끔했어요. 망둥이 대신 기어 올라온 녀석에게 슬쩍 미안하기도 했고요. 그래서 물어보았지요. 순간적으로는 한 번 저 옆으로 걷는 친구와 사귀어 볼까? 하고도 생각해 보았거든요. 물론

옆으로 걸으며 보는 세상은 어떨까? 엄청 궁금하기도 했고요.

"박하지야 난 어떻게 살아야 할까? 낚이지 않는 세상 대신 바다를 낚아볼까 하는데, 왜? 난 안 되는 거니?"
"바다를 낚아? 네가 감히? 우습지도 않다. 야, 인마! 그 세상 바다 오염시킬 생각 말고 농수로에 가서 붕어나 낚아라. 괜히 바다 용왕님 시름 생기게 하지 말고. 아따! 정신 나간 놈. 어서 가."

지금은 칠흑 같지는 않지만 어쨌든 저녁은 지난 시간이고, 내 편이 아닌 가재 편인 방게 녀석에 쫓겨 대수로 잉어에게 구걸하고 있어요. 밤이 되니 황소개구리 울음소리는 황소보다 더 대차고 무서워요. 어머나, 무서워라.

"딱 한 마리만 잡혀다오. 방생 의식을 치르고 싶은데 난 살 돈이 없어. 약속하마, 금방 놓아줄 테니. 한

번만 잡혀줄래? 사실 난 세상을 낚을 생각은 추호도
없어, 오히려 낚여 있는 세상을 풀어주고 싶을
뿐이지. 내 맘 알지?"

논에 물을 대고 남은 수로는 강이나 바다로
흐르거든요. 그러나 세상에 낚인 바다는 흐를
곳이 없어요. 우리 이제, 그만 바다를 놓아주어요.
너무나도 부담스러운 바다에 대한 기대도 조금은
내려놓고요.

그리고 사랑 타령 따위도 폭삭 잊어버려요. 왕가위가
말했듯이 사랑의 유효기간이 만 년밖에 되지
않는다면, 차라리 나는 사랑을 하지 않을 것이니까요.
그냥 희망 사항이지요. 사랑은 낚시와 같아요.
마음대로 되지 않는 것이거든요.

열꽃

1.
시린 바람에 가슴 저미던 별 하나 네 눈에 숨어 물빛 초롱 빛난다. 꿈꾸는 다락방 같은 내 가슴이 그 눈에 머물러 영원히 잠들려 하니, 사람아! 네 초롱초롱한 눈으로 바람꽃 거둬 기억의 강으로 우리를 이끌어라. 보여줄 수 있는 사랑이 작아서 정말 미안하지만, 그 대신 우리 보이지 않는 큰 사랑만 기억하기로 하자.

2.
오늘도 네 눈빛 나이테에 젖어 일어나는 하루를 미치도록 서러워한다. 사랑한다는 것은 나뿐 아니라 다른 것이 있다는 것을 아는 것이고 서로를 바라보는 것이 아니라 둘이 앉아 한 곳을 바라보는 것이리라. 저문 강 따스한 봄바람에 그리운 너의 향기, 빈 가슴으로 바람이 고인다. 그 바람 타고 날아 너에게로 가려는 길 위로 먹장구름이 이별의 아픔처럼 끼었다.

3.
그대가 떠나던 날 강변을 거닐던 나의 발길로
하염없이 비가 내렸다. 나는 그 사이에서 언제나 네
마음속 비밀로 살아 영원히 잠들려 했지만 그럴 수
없었다. 비가 오면 저 강의 언덕에서 달려오는 너를
기다리려 했는데, 오래전 바람이 두렵다고 떠난
너에게 차라리 나는 사랑한다는 말을 하지 말 걸
그랬다.

4.
강변의 들꽃은 광합성을 멈추고 웃자란 기억의
갈대만 들추고 있다. 그럴 때면 나무에 기대 네
눈만을 보고 있는 나는 시린 꽃처럼 차가워진다. 나는
사실 아주 오래전부터 지상으로 방목된 별들과 함께
너의 눈에 박혀 초롱초롱 눈을 닮은 시린 유리창을
보려 한 것인데, 가난한 고봉밥에 지쳐 잠들며 그
창의 영롱함을 잊고 지나친 것이다.

5.
이제는 더운 바람이 낯선 시간 속으로 파고들며
차가워진 우리 사랑의 전설을 꺼내려 한다. 숨 쉬는
광합성 여름 잎사귀 같은 푸르름이 고농도로 응축된
사람아! 네 파릇파릇한 마음으로 안개꽃 거둬 지혜의
산으로 우리를 인도하라. 가슴에 안기게 할 사랑이
많지 않아 조심스럽지만, 여전히 내 가슴은 그 사랑의
열꽃을 파고든다.

6.
발바닥을 타고 온몸을 돌아 열꽃이 피었다. 힘들고
아린 돌발진의 혼魂, 조금도 이해하기 힘든 시대에
조금 더 이해해 달라고, 오늘 우리들의 열꽃은 감성의
더딘 진통을 사랑으로 낳는다.

윤리倫理의 비

비가 오면 윤리의 겉면이 찢긴다고 그는 말하려다
만다. 윤리는 힘든 거라 겉면마저 찢기면 사람의 삶이
정지할지도 모른다는 우려 때문이었다. 대신 그는
윤리는 불합리한 거라고 마당에 썼다. 내리는 비가
바로 지워버릴 것을 잘 알았던 까닭이다.

부처님이 오셨다. 비는 내리고 억만 겁의 시간을
지워내고 부처님이 오신 자리에는 자비가 내렸다.
사방에서 열리는 평화의 열매가 가로등처럼 거리에
퍼졌다. 관음보살의 손바닥을 벗어나지 못한
손오공의 여의주가 힘을 잃고 구름 위로 떨어졌다.

무심코 나가본 부두의 목소리가 쉬어 있었다.
방파제를 때리던 파도의 위력이 내리는 비의 속도에
밀리며 화를 냈다. 파도의 함성은 우렁차 보였으나
그의 귀까지 도달하기에는 한계가 있었다. 이미 그의
귀를 점령한 비가 간질거리는 비윤리의 속삭임이
무척이나 달콤했기 때문이다.

바다의 시간에 길들일 수 없는 자신을 발견하고 놀란
그가 도망치듯 걸어온 눈가에 들판이 있었다. 들판은
살아계실 적 어머니가 만들어주신 낫자루처럼 성실의
냄새를 피우고 있었다. 이제 이 나라에서 지평선을
볼 수 있는 공간은 사라졌으나 들판은 여전히
들판이었다. 비가 내리는 사이에도 햇살이 보였기
때문이다.

심은 지 오래지 않은 모는 제 목을 공습하는 논물이
부담스러웠는지 연신 진저리를 친다. 논배미를 타고
자라는 질경이의 밀도가 수줍다. 곁에서 질경이의
수분을 먹고 자라던 삘기가 소리를 낸다. 삘리릴리
삘리리! 악기라고 할 수는 없었으나 제법 마음을
움직이는 소리의 농담이 나쁘지 않다. 들판은 삶의
윤리를 만드는 문제 공간이다.

집으로 돌아와 마당을 깨무는 비를 바라보며 윤리의

속살은 따스하다고 말하려다 만다. 윤리는 벅찬
거라 속살마저 들키면 생의 한 가운데가 관통당할
건 같은 두려움이 있었기 때문이다. 대신 그는
윤리는 무척이나 합리적인 거라고 빗속으로 말을
던진다. 내리는 비는 모르는 척 말을 감은 채 마당과
악수한다.

윤리로 일궈낸 희망의 하루가 고마워 고운 숨을
내쉬는 자리에 비에 젖은 머리를 털고 있는 풀꽃이
있다. 가슴이 환해지고 몸이 뜨거워진다. 할 말이
생길 것 같아 부르르 몸을 떤다. 비에 젖은 머리를
터는 사랑이 필요한 풀꽃의 미소가 맑고 상큼하다.

대합창

자작나무 맨살을 뚫고 움터 나오는 무언가 있다

튀어나와 들판으로 쏟아지는 저 봄무리들의 대합창

딱따구리 한 마리 포르르 달콤하게 날아와 탐색하다
자작나무 움튼 새싹들 햇살과 어울려 놀며
자작나무의 생살을 쫀다
자작나무의 기억을 먹는다

그 사이 꽃바람의 속삭임에 어쩔 줄 몰라 뒤척이는 강
겨울을 안고 서둘러 봄으로 간다

자작나무 맨살 뚫고 움터 오른 무언가에 머문
신선한 기억의 숨결 상큼한 시대의 소리

자연의 신념에 깃든 생명의 벅찬 율동으로
봄이 낳은 대합창의 흔적, 흔적들

마을회관 앞에서

마을회관 앞 공터 마당에서
할아버지 느긋이 앉아 새끼를 꼰다

바람도 피로에 지쳐 졸고 있는 한낮
까치밥 노리는 참새 한 마리
휘어진 감나무 근처에서 맴을 돈다

"겨울을 보듬어야 풍년이 들 텐데!"

햇살은 멀찍이 떨어져 방관하고
한기는 점점 더 낮은 포복으로 다가와 손등을 할퀸다

"요즘 누가 새끼를 꼬나? 짚신을 꿸 겨? 가마니 만들 겨! 집어치워요."

마을회관 안에서 들리는 할머니 잔소리에
할아버지 꼬던 새끼줄 묶고 잔기침 몰아쉬며 하늘을 본다

정든 바람은 혹한의 계절을 햇살 대신 토닥여 주며
따스한 손가락으로 할아버지 빈 가슴을 빗질한다

만약, 그럴 수 있다면

만약, 되돌아 인생을 살 수 있다면
나는 스물일곱 살이 되고 싶다
그리고 그 전의 일들과 그 후에 일어난 모든 일은
모두 가슴에 묻어버리고 싶다

그해의 계절에 뜨는 해는
모두 따내어 책갈피에 말리고 싶다
강변에 우뚝 서서 하늘과 땅의 경계와 악수하고
강물 위에 물수제비를 뜨고 싶다

퇴근하는 대로 포장마차로 달려가
자정까지 줄기차게 달리고 싶다
공기 좋은 산기슭에 터를 잡고 피톤치드를 느끼고
별과 인생을 노래하고 와인을 마시고 싶다

헛된 말을 하는 상대도 보듬어 안고
민주주의는 원래 시끄러운 거라
쿨하게 인정한 후 한바탕 신나게 웃고 싶다

다시 한번 지난 시간이 나를 기다린다면
무엇보다 뜨거운 가슴과 신선한 마음 모아
두근거리는 사랑 한 판 진하게 즐기고 싶다

봄, 오다.

그래요!
봄이 왔어요.

나무들도 기지개를 켜고
봄비는 깃털처럼 가볍지요.

봄이 왔지만
꽃의 시샘이 질펀하다 해서 봄이 아니라고 할 수
있을까요?

얼굴을 쓰다듬는 바람의 손길에
아직 암캐의 발톱이 서려 있다고 계절을 수상하다 할
수 있을까요!

그렇습니다.
언제나처럼 봄이 온 거예요.

풀꽃은 외투를 벗고 태양은 가열을 재촉해요.

달콤한 구름 뒤론 샹송이 흐르고 마음은 산보처럼
달뜨지요.

우리는 봄을 주제로 한 노래를 알고 있답니다.

봄비를 주제로 한 노래를 들어보시렵니까?
꽃말을 소재로 한 노래를 들어보시렵니까?

사랑을 담뿍 담은 노래를 들려드리겠습니다
꽃잎 같은 옷을 갈아입은 숙녀들의 노래를
들려드리겠습니다.

왜냐고요?

아무렴요!
봄이 또 어김없이 왔으니까요.

아침 소리

음메, 어쩌면?
아침 오는 소리가 다 들린다냐.

어떤 색채로도 담을 수 없는 천상에서 내려오는
눈부신 자연의 선율鮮律

앞마당 느티나무 새순이 눈치채면 워쩔겨?

이제 마구 터진 봄물 주체못해 파르르파르르 떨며
제길헐, 환장歡粧을 저리 자주 날리는데!

증말 증말 이제 워쩔겨?

멀리 있든 가까이 있든 보고픈 건 모다 그리운 것인디
저 거대한 산도 모래알로 만드는
그 주체할 수 없는 마음을 어디에 재울 겨.

어쩐다냐! 저 아침이 방글대며 흐르는 소리를?

언제나 늘 푸르른 날이면 어느 누구든 용서하며
부둥켜안고 싶어지는,
해맑고 천진스러운 그 소리를.

어떻게들 지내고 계신 가요?

5부
안녕하세요?

안녕하세요?

모두 안녕하신가요?

어쩌면 매일 드리는 인사인지 모르지만
다시 인사할 수 있어 무척 반가워요

비록 귀퉁이가 찢어진 일상이지만
덜컥거리는 생의 요철 속에서도 살아 있으니
이렇게 인사드릴 수 있네요

참 고맙고 고마운 일이랍니다

다른 것은 흠이 아니랍니다
사는 모습이 다르고
생각이 다르고
삼각기둥과 사각기둥이 다르지요

모두 동그란 원만 그리며 살 수도 없어요
거친 숨결 이겨내고 삶이 자란 자리에는

이름 모를 풀꽃도 피어나고
잡초도 듬성듬성 고집을 풀어야 해요

그렇게 먼지 묻은 침구를 털어서
이불장에 차곡차곡 개어 넣듯이
사선으로 몰아친 바람에 흔들린 생애는
사포로 잘 문질러 닦아 슬기의 옷장에 걸어야 하지요

다들 안녕하시지요?
어떻게들 지내고 계신 가요?

어쩌면 항상 듣는 말일 테지만
들을수록 새로운 고마움을 인사라고 불러요

현실의 무거움을 외면하지 않는
일상의 유일唯一한 그리움 하나!

어머니의 반도

어머니라는 단어보다 뛰어난(?) 풍경을 나는 본 적이 없다

초례나 종례의 밤이었을 것이고,
데인 들판에 엉겅퀴 홀로 외로운 계절이기도 했을
것이다.
한낮이 몸살을 앓으며 천 년의 물을 길어 올린 듯도
한데
어머니는 부엌데기 밥값은 해야겠다며 불임의 계절에
나를 가졌다

실수였다. 하여 어머니는 언제나 나를 보면 이렇게
얘기하곤 했다.

"내가 너를 낳은 것은 살모사를 낳은 것보다 더한
일생일대의 비극이야."

그래서였던가? 나는 자라면서 누구를 이겨 본 적이
없었다.

그런 이유로 나는 '시민이라고 쓰고 개돼지라고 읽는'
지도자를 사랑한다.
그래도 악착같이 살아야 했으므로 나는 어머니의
대그빡에 오줌을 갈기며
아버지가 몰래 챙겨 놓은 국밥을 꾸역꾸역 찾아
먹으며 오지奧地처럼 자랐다

그사이 전생의 더러운 숙박비를 치르며 구정물 같은
아버지가 집을 나갔다
그가 나갈 때 수굼포는 들고 나갔는지, 꽃부리는 맑게
피었었는지,
텃밭을 지나면 있는 시누대는 자르고 나갔는지,
조리대를 키우러 갔는지,
나는 자다 깨어나도 절대 모른다.

도대체 콩나물 대가리 같이 물만 먹고 자란 내가 알
턱이 없지 않은가?

아버지는 이미 어머니의 대그빡에서 지워진 붉은
노을이었고
소쩍새나 구렁이를 닮은 새끼 몇을 거뜬히 짜낸 후의
일이었으므로,
한 무더기의 두릅이나 고사리나물만도 못한 아버지
따위는
어머니는 낫을 들고 나간 텃밭에서 개망초를
베어버리듯 단칼에 잘라버렸고,
나도 어머니를 따라 베어낸 개망초처럼 기억 속의
아버지를 수로에 버려야 했다

"죽은 년에게 제사상이 뭐꼬? 에구 더러웠다. 이놈의
시집살이. 젠장, 망할 개새끼."

죄도 없는 개망초를 베어내고 장터에서 탁배기 한
사발 거나하게 걸친 후,
젓갈이 김치와 약간의 코피를 안주 삼아 대명천지에
하늘에 삿대질하던 어머니가

위태롭게 일어난다.
그미의 눈에 핀 눈곱이 분지의 바람에 뒤뚱
실룩거린다.

모진 시집살이에 쩔뚝거리며, 생의 절반을 날려 버린
늙은 여인의 인생 조율은 그렇게 끝난 거다.
사실 바른대로 말하자면 낮이 요동을 치면 밤은
한기를 앓게 되어 있다.

평야도 없어지고 뻘도 사라진 염하강 키 큰 풀에 지친
하구언은 안녕하신지,
종내 새벽이 오지 않을 것 같은 김포반도에 해가 뜨긴
뜨려는지,
모진 소리 들으며 그대로 노을이 된 시어미와 집 나간
아버지는 안개꽃이나 피우려는지,

어머니가 차려 놓은 식물성 밥상보다 가난한 식탁을
나는 아직 본 적이 없다.

소리

가을 장맛비의 길틈을 알리는 들판에 발을
내딛을수록 정이 깊어지는 바람이 분다.

마디마다 빛나는 푸르름으로 옷을 갈아입은 나무들도
가끔 지축을 때리는 천둥에 놀라 흠칫 몸을 떠는 듯한
아침,
빗소리에 물들어 흩어진 영혼을 만지고 있을 때마다
가까운 산사에서 낮은 종소리가 들린다.

이때쯤이면 세상의 모든 상처도 비에 쓸려 떠나갈
채비를 할 것이고
먹을 것을 찾아낸 들고양이들의 웃음소리가 정겨울
것이다.
가장 이른 새벽에 일어나 하루를 준비하는 사람들의
가지런한 이빨이 번득일 때는,
어둠이 잔뿌리를 짙게 흔들며 세상을 물들이려 해도
해는 반드시 뜨는 법이다.

이럴 무렵이면 세상에 정을 내린 바람도 서서히
잦아들 것이고
짧은 봄을 다독여 만들어 놓은 한 칸 때기 텃밭에
심어놓은
상추와 쑥갓, 미나리와 고추 모종에도 아내는 잊지
않고 영양을 내려주고 있을 것이다.

산사의 종소리가 장대비를 거둬가는 시간에 유약한
머리가 찾아낸 건 하루의 안식뿐이었지만,
아내는 그 새에도 천년을 밝히고도 남을 사랑을 텃밭
가장자리에 단정히 심고 있다.

부끄러워라, 내 허망한 기억의 들판으로 다시 쌓이는
생의 마른버짐들,
아내는 익숙한 솜씨로 다시 텃밭에 고랑을 내고
토마토랑 오이 모종을 심고는
유유히 출근을 준비하느라 밤새 풀어헤친 머리를
묶어 밤의 역사를 머릿속에 감춘다.

비로소 산천의 사물들은 밝은 시야를 되찾았을까?
저 멀리 산자락 아래에 숨어 있던 누군가의 상처도
비에 씻겨 내려갔을까?
아내 없이 바라보는 비의 풍경 포망에 살아온 위선이
걸려 아등거리고 있다.

무엇인가?
아내의 모종처럼 다가와 고삐 죄인 인연의 실타레를
푸는 이낀 낀 소리의 정체는?

화장품 방

나는 화장품이 들어 있는 방을 좋아한다. 화장품 방에 들여놓은 각종 화장품에서 생의 환호성을 들을 수 있기 때문이다. 환호성은 살아 있는 거야. 살아 있다는 건 느낄 수 있다는 거지. 느낌은 삶의 주름이 아니라 생활의 다리미다. 내 몸에 인장처럼 새겨져 있는 다양한 주름들이 화장품 방에 들어가 화장을 마칠 때, 나의 하루는 구부정하지 않고 바르게 걷는다.

생활을 다린다는 말은 찌그러진 일상을 편다는 말이다. 맑게 수선된 삶들이 인상 찌푸리지 않고 환하게 웃을 때 나의 체온은 어느새 2도씩 상승하곤 한다. 그런 날에는 어김없이 화장품 방은 나를 부른다. 체온이 오른 얼굴은 화장발 받기도 좋다. 먼저 방에 누워 천정을 보며 피부화장의 순서를 생각한다. 피부화장이 들뜨지 않으려면 파운데이션을 잘 써야 하거든. 가볍고 촉촉하고 커버력이 좋은 제품으로 쓸 것, 이 정답은 기초 중의 기초다.

각질층에 수분을 공급하는 스킨케어에 매끄러운 피부를 만드는 세럼케어는 기본이다. 여기에 촉촉한 베이스로 물광 메이크업을 해야 해. 보습은 중요한 일이거든. 피부에는 촉촉한 베이스를, 실내에는 촉촉한 가습기를, 항상 기억하는 내 화장법이야. 아니 사실 단지 기억만 해. 실제 내가 화장품 방에서 하는 일은 화장을 하는 것이 아니라 삶의 화장을 지우는 일이니까. 마치 드륵드륵 일상을 재봉질하며 생활과 전쟁을 벌이던 어머니가 잠들기 전, 힘들여 잘라내던 재봉틀 바늘처럼.

만약 미녀와 야수가 잭의 콩나무를 타고 내 화장품 방의 천장을 뚫고 하늘로 올라가 피터 팬이 오기를 기다린다 해도 나는 당황하지 않을 것이다. 후크의 손을 먹어치운 악어 마카롱이 피터 팬이나 웬디의 손을 거쳐 팅커벨의 왼팔까지 다 먹어치운다 해도 나는 시종 생기발랄 편안해할 것이다. 왜냐하면, 나의 동화는 지금 화장품 방에서 안전하게 놀고 있으니까.
나의 피터와 잭은 팅커벨이 없이도 쑥쑥 자라지
않아도 행복할 테니까.

잠들기 전에 나는 한 번 더 화장품의 방을 방문한다.
말끔하게 세안을 끝낸 하루에 영양을 공급하기
위해서다. 촉촉함은 나의 생명, 먼저 세안용 메이크업
리무버는 필수다. 각질도 제거하고 따뜻한 물로
헹군 얼굴에는 딥 클렌징을 위한 안성맞춤 팩으로
노폐물을 깨끗이 제거해야지. 다음에는 피부가 숨을
쉴 수 있게 항산화제 로션을 듬뿍 쓸 테야. 피터가
요구하면 빌려줄 테야. 영원히 어린이인 피터가
잭보다는 적게 쓸 테니까.

그렇게 나는 선풍기가 달린 화장품 방에서 매일매일
화장을 한다. 아무도 모르는 화장품 방에서 날마다
생활의 통증을 딥 클렌징 한다. 이미 기운 삶의
온도에 맞춰 화장하며 늙는다. 주머니에 어설프게

남은 반생半生을 꺼내어 항산화제 로션을 바른다.
아무도 모르는 화장품 방에서 지나간 하루의 위선을
지우고 다가올 하루의 위선을 위해 파운데이션을
꺼낸다.

성찰省察

성인봉聖人峰에 오르니 바다만 보였다

단언컨대,
인생 단 한 번도 바다만 보이는 산에 서 본적이 없다

문득,

산 아래 바다가 있는 것이 아니라
바다 위에 산이 세를 산다고 생각한다.

멀리 태양을 마시는 수평선을 바라보며
인생의 수평과 수직의 의미를 꺼내본다

나는 얼마나 수평적으로 살아왔던가?
새삼 살아 있는 내가 두렵다

망망대해 수평선은 오늘도 말없이 생명을 본다
해수면의 농도가 산으로 올라오며

태양을 마신 수평선이 봉우리마저 삼켜버린다

더 이상 날아오를 곳이 없어진 새는
바다를 열고 들어가 믿음의 둥지를 튼다

수평선 둥지 사이로
울릉도 슴새幼鳥 한 마리 날아오르며
봉우리를 쪼아 닻을 내린다.

그 사이 세상의 모든 사랑이 숨을 쉬며 봉우리를
감싼다.
다들 성인聖人이 된 것이라 느껴도 좋았다.

신新! 찬기파랑가

온화한 강변 갈대의 입술에 눈이 내린다. 저기 태고의 소리를 향해 내달리는 강물을 불러 세워 시간의 혁명을 만들까? 강변에 앉아 자갈 벌에서도 마음을 졸이며 오지 않는 연인 기파랑을 찾던, 신라 속인들의 마음이 고스란히 담겨 있는 향가를 그리워하며, 내 삶의 기파랑을 찾고 있는 감성에 바람이 분다.

언제나 일장춘몽을 꿈꾸지만, 곧 그것이 나의 의지와는 다른 꿈임을 알기에 현실의 나로 돌아오듯이, 최소의 희생으로 최대의 이익을 얻으려는 호모에코노미쿠스적 인간이라도 최소한의 양심은 있는 것이다. 하여, 오래전 사랑의 언어를 간직한 기파랑의 혼을 통해 마음을 정화 시키고 대신 미등尾燈을 켜는 밤.

흰 구름 좇아 떠난 자리에 있던 기파랑이 지금 나의 무릎 위에 앉아 가슴을 열며 웃고 있는 건, 보이지는 않지만 지금도 여전히 아름다울 당신의 모습이

기파랑을 그리워하고 있기 때문일 것이다. 적어도 기파랑은 근심을 잠가놓은 마음 따위는 키우지 않는다.

다가오는 사람을 거부하면 섬이 된다. 듬성듬성 민머리가 무덤처럼 빈혈 앓는 상태로는 중심을 유지하는 뿔사슴 같은 사랑을 가질 수는 없다. 마치 뒷꿈치가 없어져 뒤뚱뒤뚱 걷고 있는 도요새같이 하루는 언제나 위태롭다. 그사이에 뿔사슴이 설 자리는 당연히 없다.

온화한 강변에 앉아 강물이 들고 온 '지난 시간의 물갈퀴'를 본다. 서걱거리는 모래바람마저 머금은 시간의 물갈퀴가 온전할 리는 없지만, 오랜 시간 묵묵히 같이 걸어 준 강물의 정성을 생각해서 받아 둔다. 적어도 강물은 다가오는 사람을 거부하진 않는다. 나는 그런 강물의 천성을 충분히 알고 있다.

강으로 떠내려온 섬이 외로워 우는 소리를 듣는다.
온화한 갈대가 뿔사슴의 마음을 빌어 섬을 맞는다.
그동안 기파랑을 노래하는 노승의 소리가 강을
감싼다. 먼 산으로부터 울리는 그 노래가 지난 시간을
분해하여 주머니 안에 넣는다. 정박한 폐선처럼
잠자던 기파랑이 강물을 헤치며 나온다. 나도 일어나
녹슨 시간의 물갈퀴를 묻고 온화한 강변에 사랑의
섬을 심는다.

은어 낚시 통신

가는 몸을 주체할 수 없어 몸을 비틀며 바다로 간다

천생 납작하게 태어난 나는 삶이 몹시도 무르다.
너무 어려서 나온 바다라 겨울이면 유난히도 시린
것은 유전자 탓이다.

오래전 조강이 그립고 임진강의 탁한 물이 따뜻해서
반갑다.
봄이면 그렇게 강으로 나가 성장을 꿈꾸고
수컷의 꼬리와 암컷의 배를 비벼 우리 눈부시게 살아
있음을,
동자개처럼 맛나게 생긴 탓에 매운탕 거리가 되지
않음을 축복했다.

우리는 고귀한 혈족, 나의 언어는 그래서 언제나
은빛이다.
봄에 강으로 돌아와 가을에 하구언 은색 자갈에 알을
낳고 죽을 때까지

나의 몸피는 언제나 발랄하고 윤기 나는 찬란한
은빛이다.

바다빙어목 바다빙어과 은어는 투명한 바다의 언어를
품고 강의 노래를 낳는다.
은어만이 아는 언어로 투명하고 고결하게 잘도
부르며 은빛 꿈을 꾼다.

여보게!

여보게!

나 걸어갈 길이 바로 이 길인 것만 같네

혼자 걸어도 함께 걷는 길
포슬포슬 내리는 함박눈 맞으며
굽이굽이 깊으나 깊은 산
솔나무 잎에 맺힌 눈덩이 퍼
목축이고 잠 쫓으며
바위틈에 웅크려 추위를 달랠 길

이 길 말일세 아무도 가지 않았지만 가야 할 길

여보게!

한 소쿠리 고봉밥을 위하여
자네와 내가 일군 논과 밭이
겨울에도 하얗게 눈을 부릅뜨면서

뜨겁게 호흡하는지 자네는 아는가?
내린 눈이 미처 제 몸을 애무하기도 전에
허겁지겁 체온을 달궈 수분을 저장하는
저 대지의 절박함을 정녕 모른 척해도
되는가 말일세

여보게! 그저 들어나 보게

우리 생이 모두 치졸해
하늘이 주는 넉넉하고 푸근한 은혜와
젖은 대지의 청량함에만 취해
스스로 몸에 새긴 이기의 낙인烙印을 지우지 못한다면
한 그루 나무처럼 옷섶을 뿌려 대지에 영양이 되는
존재의 참 의미도 찾을 수 없을 걸세

그러니 여보게!

어서 가세나 우리 제 길을 가세나

자네와 나 걸어갈 길이 정녕 이길 아니던가?

한 소쿠리 밥이 모두의 생계가 되고
우리가 일군 전답이 눈을 떠 태양을 만드는
겨우내 모진 눈바람이 아우성만이 아닌
살결 고운 대지 풍요의 노래를 부르는
새길을 열어 마침내 아침을 펼치는

동지의 길을 말일세! 사람의 길 말이야

여보게!

유월

바위 위에도 꽃은 핀다

참혹한 햇살을 치명致命처럼 받으며
유려하고 넉넉하게 꽃을 피운다

나는 바위고
너는 꽃이다

서로의 생각만으로 바람을 흔드는
벅찬 햇살에 빛나는 그윽한 마음이다

첫눈

너에게 다가가는 걸 예로부터
'신세계'라고 불렀다

언제나 처음이라는 소리는
들으면 들을수록 근사하다

맞으면 보드레한 우윳빛 촉감 같은
스킨로션이 되고
먹으면 입안 가득 알싸하게 퍼지는
아이스크림 선율 같은,

너를 만나는 기쁨을 예로부터
환대歡待라고 부르고 사랑이라 읽었다

일 년에 한 번씩 사랑을 맞고
그리움의 언어를 녹여 마시는 일

그런 너를 영접迎接하며 우리는 이렇게 노래했다

"어서 오세요, 첫눈!"

아따 기운도 쎄구랴.

6부
마당 깊은 집

만남

자주 가는 길모퉁이
찻집에 들렀다가
오랫동안 보지 못한 찐친구 손을 잡네
농익은 포옹 속에서 설레던 마음 다발

무슨 말이 필요하랴 만나면 이리 벅찬 것을
미소 띤 얼굴 보며 마냥 좋아 달뜬 마음
복사꽃 향기를 따라 너울너울 하늘 나네

이제 다시 헤어지면
그 언제나 만나려나
오가는 우정 속에
선땀 흠뻑 두 손바닥
휴대폰 전화번호에 눌러 담는 그리움

마음의 꽃

내 마음에 잎이 꽂혀 있다면
내 삶의 어느 부분을 찢어도
너의 꽃말이 돋아날 것이다

흥국사興國寺에서

큰스님 예불 마치고 나와 치는 종소리
산정 가득 울려 퍼지는 저녁이다

이때쯤 천년 사찰 목어를 흔드는
범종이 전하는 에밀레의 여운은
말하자면 사무치는 인연의 감성이다

끊길 듯 이어지며 몸부림에 전율하는 소리에
늦가을 저녁이 붉은빛으로 익어갈 즈음이면

동자童子의 허기진 뱃속으론
저녁 공양 대신 뱃고동 사무친 소리가
관음보살의 손바닥처럼 아련하게 들어온다

"소설 대설이 낼모렌데, 겨울은 도대체 어디쯤에나 있는 걸까?"

큰스님 땔감 찾으러 지게 지고 나가신 틈에

요사 공양간 요란하게 서성이며
주린 배 움켜쥐고 애교 떠는 동자승

그 모습 아련한 공양주 불목하니
찬반에 보관한 누룽지 꺼내주며 함박 웃는다

그사이 지게 가득 땔감 구해 와 장작 패는
큰스님 굵은 팔뚝에 소담하게 걸리는
입동 지난 산사의 애틋한 고요

어느새 다가온 뒤바람에 떨어지던 갈잎
동자승 누룽지에 매달려 서러운 눈물 가슴에 묻는다

겨울맞이

'따스하다'는 말만큼 정겨운 단어도 없다.

겨울은 그 따스함이라는 단어만으로도 충분히
제 옷에 어울리는 계절이다.

새해가 오면 나의 겨울맞이는
따스한 마음의 축복과 함께 한다.

그래서,

봄에는 마음으로 시를 쓰고
여름에는 몸으로 시를 쓰고
가을에는 눈으로 시를 쓰지만

겨울에는 가슴으로 시를 쓴다고 말하는 것이다.

마당 깊은 집

오백 년 종갓집 마당 한 구석에서
익은 대추를 따고 있는 할아버지
나이 들어 작아진 키보다 서너 배는 큰 작대기 들고
쉬지도 않고 대추나무 가지를 톡톡툭툭 두드린다

마당 한 가운데서 가을 뙤약볕 즐기시며
널어놓은 참깨 타작하던 할머니
장독대에 떨어져 쌓인 낙엽 치우러 가시며
혼잣말로 궁시렁궁시렁 몇 마디 던지신다

"아! 대추야 익으면 저절로 떨어지는 건데 쓸데없이
성한 나무는 왜 아프게 하누? 아따 기운도 쎄구랴."

가는 귀먹어 간간이 들어오는 쓴소리 듣고
할아버지 죄 없는 가을 땡볕만 쏘아 보다
이내 허공에 손사래 치며 평상에 주저앉아 담배를
꺼낸다

"거! 몸에 좋지도 않은 담배는 왜 못 끊고 그러시나?
그러길. 손자놈들 눈치 안 보여요? 고주망태 할배가
담배까지? 아, 그러다 중풍 걸려 또 속 썩일 겨?"

날은 유난히도 밝은 한낮
할머니 고함소리에 놀란 땡볕
짙은 가을 들녘에 주던 사랑빛 접어
서둘러 구름 방 뒤로 퇴각하고

할머니 소리에 심장 약해진 대추 알맹인
종갓집 묵으로 환생하길 포기하고
때마침 불어오는 바람 타고 담을 넘어 몸을 숨긴다

할아버지 대꾸 없이 담뱃불 붙이려다
참깨 타작하는 할머니 정강이에 담배를 던진 후,
삐꺽거리는 낡은 목재 대문 박차고 나가며

"에잇! 또또 듣기 싫은 저 잔소리? 에잇."

할아버지 나가며 던진 헛시위 소리 감추며 들려오는
황금 들판으로 불어오는 선들바람 같은 단란한 풍경

슬며시 입꼬리 치켜 올린 할머니 미소를 타고
천 년의 시간이 대추처럼 쏟아진다
만 년의 사랑이 자연을 따라 우주로 간다

서귀포

바람이 걸터앉은
모슬포항 방파제

분출한 화산쇄설암
급 난류를 형성하고

바다에 기운을 모아
전달하니 동방 정토

채울 건 다 채우고
빛나는 건 다 모으고

아름다운 몸 전신에
탐라耽羅 향기 그윽하니

천지연 폭포수 살아
천년만년 희망의 샘

포근한 성정 아래
섶섬이 보이는 풍경

계절도 지나치는
철새들의 고운 몸짓

미끈한 자연의 마음
그대 이름 서귀포

아버지의 시간

아버진 마침표처럼 소주잔에 담겼다
꼬리표 잘라내고 계급장 떼어내고
부서진 유리창처럼 소리 없이 담겼다

젊은 한때, 온갖 세상
휘몰아 다닐 때는

아버지 삐딱구두 햇살처럼 빛이 났고

풍운의
의협객들은
구름처럼 넘실댔다

"그 모진 인생살이 고달파서 어쩔거나?"

아버지 마당에서
바람처럼 가시던 날

어머니 비명소리에 한기 앓던 시골 마을

'어찌 보내 어찌 보내 불쌍해서 어찌 보내'
굴곡진 한평생을 선산 땅에 묻을 때
노을 진 하늘을 보며 눈물짓는 사부곡

어머니의 잔

탁배기 한 잔이면
생각나는 그미 손길

둥그런 마음으로 동그랗게 부쳐주던

어머니
김치전 소리
아득하게 들려오네

투박한 손 굽은 허리
노릇한 다정 속에

애지중지 기른 자녀 그윽하게 다가오네

지지매
익는 소리에
흐뭇하신 어머니

가신 이 보고플까
둥근 잔 바라보매

말없이 웃음 띠신 술잔 속 고운 얼굴

그리움
눈물이 되어
술잔으로 떨어지네

생불生佛

일평생 불목하니
부처 전각殿閣 언 삼십 년

어느 날 깨어 보니
생불生佛이 되어 있네

살아온 지난 세월이 무심한 듯 일순간

어찌어찌 읽다 보니
법문法門이 곁에 있다

움푹 팬 기억 숲길
능선 따라 담긴 혜안

단단히 박혀 빛나는
비단 옹이 천 불 천 탑千佛千塔!

할미꽃

맑고 여린 꽃대 우에
초롱 햇살 한 조각

눈보라 이겨내고
양지 언덕 그리워

친 외동 고운 자손들 곯은 뱃속 채우리라

일평생 일군 대지
스스로 꼬부라진

굽은 등 흰털 양지
무기질 꼽추 식물

화왕花王족 신선이어라 그대 이름 백두옹白豆翁

봄의 창을 열 때마다

아침에 일어나 창을 열 때마다
살아 있는 내가 고맙다

자기 전에 개어 둔 심장을 꺼내 몸 안에 다시 심고
햇살을 향해 펼친 두 팔에 풍경이 들어온다

동네 마실 길을 둘러싼 연립의 용마루가
날씬한 자태를 묶어 머리를 올리고 웃는다

그 사이 앙상한 다리를 드러낸 겨울바람이
햇살의 허리를 타고 노닐다 내 콧등을 건드린다

봄날 아침의 풍경만큼 섬세한 표정은 없다
봄날 아침의 풍경만큼 사랑스러운 감정은 없다

열린 창문을 타고 아침의 함성이 들어온다
열린 창문을 밟고 바람의 노래가 들려온다

방안 가득 숙성된 공기를 채운 후 창을 닫는다
아쉬운 듯 손을 흔드는 햇살의 손등이 슬프도록 곱다.

바람의 눈물

바람은 들판이 궁금해 운다
햇살과 별의 에너지를 받고
들판에 피울 꽃이 사무치게 그리워
소리 없이 흐느끼며 숨을 고른다

그러는 사이 땅속 깊은 곳에서
움츠렸던 뿌리가 춤을 추며
봄을 지핀다 더 없는 생명을 안는다

바람이 손짓하는 대로 뿌리는
우주가 고마워 할 생명의 꽃을 피우며

나에게로도 오고
너에게로도 간다

아름다운 것은 언제나 그립다
풍요로운 것은 언제나 설렌다
그렇게 대지의 혼을 깨우고

들판의 영양을 다듬은 바람의 눈물은
그리움에 물꽃 틔우는 선한 사랑이 된다.

시평

안개 걷힌
들판의 계절 언어

박 홍 선 문학평론가

음악의 요소인 운율과 회화의 요소인 이미지를 질료로 정서적이거나 혹은 서사적인 리듬의 가장 문학적인 문학인 "시"를 쓰는 사람들에게 우리는 "시인Poet"이라는 명사를 붙여준다. 민족과 민주로 대변되는 사회적 변형의 틀을 지나 경제 제일주의 물리적 사고로 무장한 신자유주의적 세계에 있어서의 미학은, 이른바 '무뇌아無腦兒적 이데올로기'의 양산과 컴퓨터로 들어간 함몰된 의식의 패러다임이다. 이러한 시대에 시인은 두 가지를 선택할 수 있다. 하나는 체제의 질서에 순응하여 시의 본질인 서정적 미학을 획득해 가면서 어쩌다 발견되는 용설란으로 남던가, 아니면 지난 1980년대에 유행했던 해체시나 도시시처럼 극단의 언어해체나 유니크한 정서적 미학의 포착을 즐기든가 둘 중 하나일 것이다.

　변화하는 외부 세계와의 대결과 압축을 통해서 이미지의 연쇄 고리를 만들어가는 언어의 자유로운 변용은 그래서 시인만의 강렬한 특권이다. 붓 가는 대로 쓰여지는 문학사조인 수필에 정서적인 교감과 함축되고 의미화된 언어에 사물성과 이미지를 조작할 수 있는 시인의 권력은, 국민을 상대로 마음대로 실험할 수 있는 정권의 본질과 사뭇 비슷한 데가 있다. 비록 사회적인 평가의 잣대로는 비교 대상이 아닐지 몰라도 휴머니즘적인 관점에 입각한 사유와 상징은 시인의 권력이 우월하다. 그런 의미에서 박철민의 시는 비교적 단순하다. 솔직히 말해 그리 잘 짜인 시는 아니라는 말이기도 하다. 그러나 다수의 시는 범상치 않다. 단순하게 써지거나 무언가 모를 모호함의 언어를 보이다가도 어느새 대시인의 그것을 넘는 언어의 변주를 보이기도 한다. 그것은 시를 대하는 씨의 자세가 바르거나 바르지 못한 상황에 쓰인 것일 거라고 본다.

일반적으로 우리가 '詩'라고 표현하는 문학 장르를 일컬어 '고도로 숙련된 상상력을 바탕으로 함축되고 절제된 언어에 적절한 수수와 상징 그리고 단련된 이미지를 사용하여 독자들에게 정서적인 감정을 불러일으키는 문학의 최고봉'이라고 정의할 때, 그의 시는 그 정의를 획득하는데, 대부분 성공하지는 못하고 있기 때문이다. 아니 박철민의 시뿐만 아니라 시를 알고 만들고 정서적으로 뛰어나게 해석하는 시인들의 대다수 작품도 대부분 시적 정의에서 일탈하는 시가 많다. 그러면서도 때로는 유니크하고 부드럽다.

그러나 역설적으로 박철민 시인의 글에 시라는 수사를 붙여 줄 수 있는 것은 시의 속성 속에는, 다양한 의미망과 과학적이고 정서적 요법에 의한 언어 내적인 원리가 숨 쉬고 있기 때문이다. 즉, 시라는 문학의 본질도 중요하지만, 역사적인 사실 자체를 중요시하지 않는 시의 속성처럼, 개인의 의사 진술의 언어로서 개인이 전달하려 하는 말로서의 정서 전달의 의미는 그의 시도 갖고 있다는 얘기다. 쉽게 말해서 개인의 짧은 내적 진술은 그 무게감이야 어찌 되었건 간에 중요하며, 넓은 의미에서 '시'라는 장르 속에 포함시킬 수도 있다는 얘기다.

섹션별로 다양하게 기획된 시집에서 박철민은 그 자

신과 가장 가까운 사람들과의 정서적 교류에 역점을 두고 살아가며 느끼는 단상과 계절의 미학, 그리고 시사적인 물음까지 넓은 인식의 공간을 헤쳐 본다. 그에게 세상과 사물을 해석하고 재단할 능력이 더 있었다면 우리는 넓은 세상 인식에서 좀 더 깊고 무거운 사유를 탐방할 수 있겠지만, 아쉽게도 '향기로운 관'을 가진 '지체 높은 족속'의 시가 아니라서 그저 자유롭고 유니크하거나, 반항기 서린 문학적 변용이란 의미에서만 관심의 척도를 발견할 수 있다.

예를 들어 제1부, 「시간의 바람」 섹션에서는 꽃님이의 눈을 통해 부조리한 세계를 뒤흔들다가도 바람과 계절의 순환에 대응하는 감정적 동물로서의 존재 확인을 보이며 비교적 충실한 자기 진술을 펼친다. 제2부, 「존재 속의 기억」 코너를 통해서는 사회성을 획득한 이 시대 중년으로서의 인생관과 한국인으로서의 정체성에 무게를 두고 살아가는 사람들과의 유대 관계에도 역점을 둔다. 제3부, 공모전에서 수상을 하기도 한 시의 제목이기도 한

「이른 여름을 이해하는 법」에서 시인은 동시대를 살아가는 가족들과 사람들에 대한 부끄러운 자화상을 밀도 있게 그리며, 자연의 질서에 순응하는 사람들이 시대를 살아가는 사회인의 한 사람으로서 현실과 실존이라는 자기 무게를 자각하는 밀도를 본다. 더불어 모든 섹션을 통해 시인은 이 시대를 살아가는 서정인抒情人로서의 표피적인 대화를 그림에 맞는 화법으로 그리려 애를 쓴 흔적이 곳곳에 보인다.

문학과 역사를 전공하고 칼럼을 쓰며 소설이나 희곡 드라마 등 다른 분야에서는 주로 정치나 역사를 다루는 시인은 아이러니하게도 비교적 맑은 소년 같은 음성을 지녔다. 그러므로 그는 '바른 소리에는 젖먹이 울음 같은 맑은 꾀꼬리 소리가 들 -「바른 소리」'을 수 있으며 '바람은 사랑의 다른 이름이라는데 나는 이제 사랑 하나를 가질 수 있는 것 -「지상만가」'이다. 더불어 그는 자신이 기억하는 공간의 틀 속에서 자유롭고 싶어한다. 자유 의식은 때로 지나친 의식의 과잉이 되어 시적 자유를 박탈

하기도 하지만 때로는 매우 유니크한 화법이 되어 시인의 상상력에 무한의 영양을 공급하기도 한다. 쪽동백이 피어나며 울부짖는 소리에서 '절간 마당에 법화경 구르는 소리 또 한 번 가득 차겠구나! -「선운사,」 하는 상상의 나래를 펴고 참새들의 놀이터에 놀러 온 파랑새에 놀란 새들을 보고는 '이 계절 마음 넉넉한 태양이 흐뭇하게 웃는 이유! -「태양이 웃는 이유,」를 알게 되었다는 유니크한 화법에 동의하기도 하는 천진난만한 모습을 보인다.

인간의 역사성과 존재성이 드러나는 생명 요소를 포착하면서도 일상적이고 재미있는 화법에 귀를 기울이는 시인은 제4부, 「그리움이 온다」의 대표 시인 「그리움이 온다」에서는 자월도라는 섬에 가서 '자신이 알고 있는 사랑 얘기를 하나 터트리'고 프랑스 혁명의 도화선을 생산한 '마리 앙투와네트의 기억을 가객 김광석의 노래에 접목'시키는 파격도 선사한다. 때론 제5부, 「안녕하세요?」라는 공간을 통해 안녕하세요? 하는 일상의 인사가 '어쩌면 항상 듣는 인사일 테지만' 생각하는 입장에 따라서는 '들을수록 새로운 고마움일 수도 있다는 믿음'을 주기도 한다. 그것은 일상의 인사라는 것이 바로 '현실의 무거움을 외면하지 않는/일상의 유일唯 한 그리움 하나!' 일수도 있기 때문이다. 더불어 제6부, 「마당 깊은 집」에서 시인은 가족이라는 핏줄의 공간을 찾아 유랑하는 모습을 통해 결국 근원의 그리움과 대화의 상대는 좁게는 가족, 넓게는 사회 연대 의식, 궁극적으로는 사랑에 있다고 강조한다.

세상은 여전히 '어스름달 안으며/홀로 걸어가는 길/안개 속에서 노래하며/청산을 그리고 가는 그윽한 길 - 「홀로 가는 길」'이지만, 그 길 위에는 '"거! 몸에 좋지도 않은 담배는 왜 못 끊고 그러시나? 그러길. 손자놈들 눈치 안 보여요? 고주망태 할배가 담배까지? 아, 그러다 중풍 걸려 또 속 썩일 겨?" - 「마당 깊은 집」'라고 욕을 하면서 할아버지 기를 죽이다가도 피우던 담배를 끊고 '"에잇! 또또 듣기 싫은 저 잔소리? 에잇." - 「마당 깊은 집」'

하며 대문을 박차고 나가는 할아버지를 물끄러미 바라보며 미소 지을 줄 아는 할머니가 있다. 더불어 아버지의 부음 이후 "'그 모진 인생살이 고달파서 어쩔거나!' - 「아버지의 시간」'라고 상가喪家에서 한탄하면서도 "어찌 보내 어찌 보내 불쌍해서 어찌 보내' - 「아버지의 시간」' 라며 눈물로 그리워하는 어머니가 있는 공간이 세상이다. 그 안에서 어머니는 '말없이 웃음 띠신/술잔 속 고운 얼굴/그리움 눈물이 되어/술잔으로 떨어지네 - 「어머니의 잔」' 슬픔을 이겨내려 술잔을 들고 회한에 잠기고 그들의 모습을 그대로 정갈하게 바라보는 나는 '내 마음에 잎이 꽂혀 있다면/내 삶의 어느 부분을 찢어도/너의 꽃말이 돋아날 것이다 - 「마음의 꽃」' 하며 일상에 묻어나는 삶의 편린片鱗에게 사랑스러운 시선을 던질 수 있는 것이다.

  그러나 시인에게 늘 유니크한 맛과 기교만이 선행되는 것은 아니다. '찢기고 짓무르고 흐르는 하혈보다/세상의 기억에서 잊혀지는 천형의 유산이 더 외로웠 - 「꽃님이의 하혈」'다며, '남지나해 절벽에 섰던 소녀의 마음은 바람만이 알고 있을 거 -「꽃님이의 하혈」'라고 성노예였던 우리의 할머니들을 절대 잊지 말자고 얘기하기도 하는 역사 전공자의 당부도 잊지 않는다. 그러니 시인이 자연히 '스스로 고부라진 굽은 등/흰털 양지 무기질 식물'이 된 '백두옹 -「할미꽃」'을 생각하는 건, 어쩌면 당연한 의식의 발로일 것이다. 또한 중년이 되어도 존재감을 찾지 못하거나 경제적인 안녕을 구축하지 못하는 자신에게서 느끼는 괴리를 다룬「어느 일상」,「성찰」,「마음의 꽃」,「빨래」,「도봉산행 지하철」,「농아 할매」같은 작품들에서는, 지금 이 시대를 살아가고 있는 모든 나약하고 서글픈 존재들의 처세와 애환에 대해 심각한 질문을 던지며, 극단적으로 세상을 부정하는 듯한「존재하는 이유」,「비와 몽상」,「여보게!」,「총구의 집」에서는 부정과 부패, 그리고 위선으로 얼룩진 사회를 해체하고 싶은 언어적인 시인의 파격도 서슴지 않는다. 그러나 모든 가장이 그렇듯이 가족과 사회에 대한 사랑과 이해는 언제나 따뜻하다.

"바위 위에도 꽃은 핀다/참혹한 햇살을 치명致命처럼 받으며/유려하고 넉넉하게 꽃을 피운다/나는 바위고 너는 꽃이다/서로의 생각만으로 바람을 흔드는/벅찬 햇살에 빛나는 그윽한 마음이다 -「유월」"에서처럼, 살아가는 이유를 제공하는 영양의 계절은 시인에게 꿈처럼 다가온다. 또한 '윤리로 일궈낸 희망의 하루가 고마워 고운 숨을 내쉬는 자리에 비에 젖은 머리를 털고 있는 풀꽃이 있다. 가슴이 환해지고 몸이 뜨거워진다. 할 말이 생길 것 같아 부르르 몸을 떤다. 비에 젖은 머리를 터는 사랑이 필요한 풀꽃의 미소가 맑고 상큼하다. -「윤리의 비」'는 삼강오륜적인 자기 고백도 가능한 선언을 하게 해주며 사물의 이미지를 관조하고 통찰하는 시인은, 날카로운 무쇠 감각으로 벗기고 파헤치기를 즐기는 듯한 어조로 다음의 시에서처럼 존재하는 모든 질서에 메스를 가한다. 그런 가운데서도 시인은 사랑과 관용을 잃지 않는 시를 통해 얻는 세상의 구원에도 관심이 많고 따스하다.

존재하는 이유
*
세상의 모든 것에는 다 이유가 있다
*
집은 나가기 위해 존재하는 것이다

약속은 깨어지기 위해 존재하는 것이며
만남은 헤어지기 위해 존재하는 것이다

태어남은 죽음을 위해 존재하는 것이며
영혼은 없고 육신은 그냥 없어지는 것이다

비는 맞으라고 내리는 것이며
어둠은 범죄를 위해 존재하는 것이고
밝음은 분노를 가리기 위해 존재하는 것이다.

---중 략---

자극적이고 탈관념적인 눈을 통해 시인은 대상을 확인하고 시적 변용을 모색하기 보다는, 의미 없는 이미지의 나열을 통해 현실 세계와 시제적 굴레를 과감하게 벗어버리고 싶어 한다. 이런 류의 자기 해체 작업은 도처에서 발견된다. 「비와 몽상」, 「바람은 사랑의 미래다」 등의 작품은 그가 추구하는 내면적 방기放棄의 다른 이름이다.

　이름하여, 좋은 시든 부족한 밑그림이든 휴먼의 입장에서 나에게도 사랑의 아픔과 정서적 교감은 시적 언어로서 자유를 얻는다. '강물 위로 꽃잎이 간다' '세월도 꽃잎처럼 간다' '강물 위로 구름이 흐른다' '세월도 구름처럼 흐른다' (중략) '이내 견고한 손바닥으로' 그 '세월의 속살을 만지고 싶다 - 「세월」'는 진술에서는, 가는 세월이 아쉽지만, 그 가는 세월을 어떻게든 시인의 그것으로 만들고 싶어 손바닥에 감싸 안겠다는 진술을 통해, 나이 들어가는 중년의 연민이 느껴진다. 또한 '울고 있을 때마저도 행복한 너의 얼굴에 내 야윈 생의 잔뿌리를 묻어버리고 싶다 - 「너에게」'는 성인 같은 고뇌는 그의 시 곳곳에 피어나는 바람, 비, 그리고 그리움의 갈증이 깊이의 중후함을 넘어 열망으로 번지기도 한다. 따뜻하고 끈끈한 인간적 정서의 갸륵함을 보여주는 지나치다시피 자주 발견되는 그의 소아기적 정서는 상당 부분 '시'의 총기聰氣를 가리지만, 윤회처럼 반복되는 정서적 삶의 근간인 것 같아 시공을 초월한 이미지로 이해되고 있다.

어떻게 보면 1920년대식 모더니즘 화풍의 현란함과 리얼리즘에 바탕을 둔 현실적 이미지의 포장, 그리고 1980년대식 해체류가 비빔밥으로 버무려진 작품들이 주류지만, 그는 그의 시를 통해 일정 부분 서정抒情의 미학을 얻으려 고민하는 듯한 느낌을 주는 것도 사실이다. '비가 내리면 그림자들의 휴식은 즐겁다' '내 온몸을 정성스레 주무르는 안마사 -「비와 몽상」' 같은 대목에서는 내리는 비의 서정화 되고 육화된 변용의 아름다움을 느낄 수 있다. 꿈꾸는 시인의 자기 고백은 비록 시어를 능숙하게 다루는 언어 감각이나 도치법 등의 시적 수사나

운율, 또는 메타포에서 실패했다 하여도 그 나름의 질서와 서정을 확보한 수확으로 기대된다.

　박철민은 매우 논리적이지만 서정적인 사람이다. 천연기념물을 보았을 때의 진기함으로 사람들을 사랑하고, 윤리의 가슴에 통증을 느끼면서도 다독거리는 순결한 사랑을 믿는 사람이다. 여린 마음을 갖다 보니 탁상용 태양력이 한 해 한 해 넘어가는 소리를 들으면서도 울컥, 진한 그리움을 느끼고, '꿈은 꾸다 보면 이뤄지는 거 -「심해어」'라고 어린애처럼 믿는 사람이다. '고요한 밤 칠흑 같은 어둠'의 공간에서 절대로 '만장의 하관만으로도 나는 절대로 외롭지 않다 -「몽상의 시」'며 자위하고, 누구나 그리워하는 안개꽃을 닮은 강남대로에서 거친 꿈이나마 꾸고 싶은 자신을 고백하기도 한다. 그러다 보면 산에서 그리워할 모든 것을 그리워하고, 어둠의 기억들은 모두 버릴 것이라는 독백도, 조바심 내지 않는 꽃과 사랑을 보면서 자신의 가능성을 기억하는 것은 당연한 일이요, 세월호의 슬픔을 보며 '천사 같은 아이들'이

'바다처럼 영원히 푸르게 살기'를 바라는 마음은 여느 부모와 다를 바 없는 것이다. 또한 누군가의 입술로 인하여 환한 잠을 잘 수 있는 시인의 하루는 대부분의 일상을 부정적으로 인식하지만 때로는 유연성도 갖는 시인의 자의식을 보는 것 같아 다행이다.

그의 시를 이루는 일면에는 인간의 삶과 아픔, 그리고 평화로운 공존이 서사처럼 존재한다. 그래서 그것은 때로 사람과 자연의 어울림을 그리기도 한다.

빨래

빨래를 말리는 건 햇빛이 아니다.

햇볕이 소리 없이 건조대를 움켜쥘 때
바람은 비명보다 거친 손동작으로 젖은 솜털에
영양을 넣는다.

어느 날은 가볍게
어느 날은 무겁게
젖은 빨래의 체온을 재는
햇살과 바람의 리드미컬한 공존

빨래를 널며 하늘에 인사하고
빨래를 걷으며 바람에 경배한다.
빨랫감의 힘줄 속에 채워 있는 삶의 물기가
건조대를 움켜쥔 햇살의 농담에 기지개를 켠다.

오늘도 인생은 빨래의 오체투지에
먼지 가득한 생애의 마침표를 찍는다.

 빨래는 일상이지만 빨래는 영원이기도 하다. 그리고 그 속에서 생명을 얻고 그 생명은 다시 시간을 낳는다. 시간은 어둠을 자유롭게 구부려 영원의 빛을 낳는 생명의 조련사이므로 메타포가 시의 구성원이라면 생명은 시의 영원한 테마이다.

박철민 시인의 시집은 비록 미완성이고, 비록 그가 달려온 길이 조화와 균형보다는 방황과 방기로 얼룩진 대륙의 거친 비포장 길이었다 해도, 깨어있는 서정적 기질은 균일하게 잘 포장된 아스팔트 길에서의 계획된 질주를 무색하게 한다. 좌충우돌 달려온 인생의 다양함과 다면적 양태를 지향하는 그의 사회 속의 작업만큼, 그의 시는 앞으로도 더욱 다면화된 물적 언어들을 쏟아낼 것이다. 때로는 유니크하고, 때로는 말할 수 없을 만큼 고독하면서도 세상을 패러디하는 그의 시는, 저절로 귀가 순해지는 나이耳順을 지나며 잘 여물지는 못했지만 그래도 시작이 결코 무의미한 작업은 아니었음을 우리에게 일깨워 주고 있다. 그래서 앞으로도 더욱 가열 찬 실험정신과 문학적 열정으로 자신만의 서정과 유니크, 그리고 패러독스Paradox하며 무게 있는 메시지의 세계를 여는 시적 변용을 끊임없이 성취해 내기를 바랄 수 있는 것이다.

봄의 창을 열 때마다

1쇄 인쇄 2024년 03월 12일
1쇄 발행 2024년 03월 16일

지 은 이　박철민
펴 낸 이　이재성
디 자 인　이재성
인　　쇄　대신인쇄사

펴 낸 곳　위애드컴
출판등록　2017년 6월 12일 251002017000010
주　　소　경기도 안산시 단원구 고잔로 18

ISBN 979-11-987063-0-0 03810

• 책값은 뒤표지에 있습니다.

• 이 책은 저작권법에 의해 보호받는 저작물이므로 무단 전재와 복제를 금하며,
  이 책 내용의 일부 또는 전부를 재사용하시려면 반드시 저작권자와 위애드컴 양측의
  서면 동의를 얻어야 합니다.